Salvatore Settis
Wenn Venedig stirbt

Salvatore Settis
Wenn Venedig stirbt

Streitschrift gegen den Ausverkauf der Städte

Aus dem Italienischen von Victoria Lorini

Verlag Klaus Wagenbach   Berlin

Die italienische Originalausgabe erschien 2014 unter dem Titel
Se Venezia muore bei Giulio Einaudi editore in Turin, die deutsche
Übersetzung erstmals 2015 im Sachbuch bei Wagenbach.

Wir danken dem SEGRETARIATO EUROPEO PER LE PUBBLICAZIONI
SCIENTIFICHE für die freundliche Unterstützung bei der Übersetzung
dieses Buches.

Via Val d'Aposa 7 – 40123 Bologna – Italien
seps@seps.it – www.seps.it

Wagenbachs Taschenbuch 811

ISBN: 978 3 8031 2811 9

Inhalt

Athen ohne Gedächtnis

Auf drei Arten sterben Städte: Wenn ein erbarmungsloser Feind sie zerstört (wie Karthago, das 146 v. Chr. von Rom dem Erdboden gleichgemacht wurde); wenn ein fremdes Volk sich dort mit Gewalt ansiedelt und die autochthone Bevölkerung und ihre Götter vertreibt (wie die Hauptstadt der Azteken Tenochtitlán, welche die spanischen *Conquistadores* zerstörten, um auf ihren Ruinen Mexiko-Stadt zu errichten); und schließlich, wenn ihre Bewohner die Erinnerung an sich selbst verlieren und unbemerkt sich selber fremd, selber feind werden. Dies war der Fall von Athen, das nach dem Glanz der klassischen Polis, nach den Marmorwerken des Parthenon, den Skulpturen des Phidias und historischen und kulturgeschichtlichen Ereignissen, die untrennbar verbunden sind mit Namen wie Aischylos, Sophokles, Euripides, Perikles, Demosthenes und Praxiteles, zunächst die politische Unabhängigkeit einbüßte (unter Makedonien und später unter Rom) und in der Folge die kulturelle Stoßkraft, am Ende aber auch jegliche Erinnerung an sich selbst verlor.

Oft stellen wir uns, gefangen in einem simplen Schulklassizismus, ein über die Jahrhunderte im Weiß seiner marmornen Bildwerke unbeweglich verharrendes Athen vor, das mit der politischen Unabhängigkeit Griechenlands 1827 zu neuem Glanz erblühte, fast so, als wäre es aus dem Schlaf erwacht. Aber dies trifft nicht zu: Als der hochgebildete Konstantinopler Michael Choniates Ende des 12. Jahrhunderts Bischof von Athen wurde, zeigte er sich fassungslos angesichts der unglaublichen Ignoranz der Athener, die keinerlei Erinnerung an die glorreiche Vergangenheit ihrer Stadt bewahrten, die einem Fremden nichts über die noch erhaltenen Tempel zu berichten wussten, noch ihm zu zeigen vermochten, wo Sokrates, Platon und Aristoteles unterrichtet hatten.

In jenem durch ein nicht enden wollendes Mittelalter gedächtnislos gewordenen Athen hatte man den Parthenon zur Kirche umfunktioniert, die Wände bedeckt mit Ikonen und anderen sakralen Malereien, der Raum erfüllt von liturgischen

Gesängen und dem Duft nach Weihrauch. Später in eine lateinische Kathedrale verwandelt (nach dem Kreuzzug von 1204), wurde er von Venezianern und Florentinern wiederholt seines Schmuckes beraubt, ohne dass die Athener jemals einen Finger zu seiner Verteidigung gerührt hätten oder auch nur eine Stimme erhoben worden wäre, um an seine ruhmreiche Geschichte zu erinnern. Als die Türken 1456 Athen besetzten (und die Parthenon-Kirche zur Moschee wurde), geriet sogar der Name der Stadt in Vergessenheit. Was blieb, war ein kümmerliches Dorf, bestehend aus einer Reihe von Hütten, die hier und da zwischen den Ruinen verstreut lagen, und eine auf wenige Tausend zusammengeschrumpfte Bevölkerung, die ihre Stadt *Satiné*, *Satines* nannte, eine Verballhornung, die der Name Roms (zum Beispiel) niemals erfahren musste. Doch die Selbstvergessenheit der Athener setzte schon viel früher ein: Bereits um 430 v. Chr. berichtet der neuplatonische Philosoph Proklos, der in der Nähe der Akropolis lebte, dass ihm im Traum Athene, die Göttin des Parthenon, erschienen sei, die ihn, aus ihrem Tempel vertrieben, um Obdach in seinem Haus gebeten habe. In diesem wehmütigen Traum drückt sich nicht nur das Ende einer Religion und ihrer Monumente aus, sondern der Untergang einer Kultur und ihres Bewusstseins für sich selbst.

Ganz so wie bei einem Menschen, der sein Gedächtnis verliert, zeigt sich auch bei Städten, wenn eine kollektive Amnesie sie befällt, die Neigung, die eigene Würde zu vergessen. Bleibt etwas von ihrem antiken Geist erhalten, so muss er anderswo Zuflucht suchen (wie im Falle Athens in Konstantinopel, in Moskau oder im italienischen Humanismus). Selbst wir haben heute vergessen, dass es mit Athen so weit kam, dass es sich selbst vergaß. Wir tun jedoch gut daran, uns die Dunkelheit dieses Vergessens ins Gedächtnis zu rufen, wenn wir vermeiden wollen, dass uns dasselbe Leiden befällt. Das Dunkel kommt nicht plötzlich über eine Gemeinschaft, es legt sich langsam und schubweise über sie, wie ein stockend fallender Bühnenvorhang. Damit der Vorhang sich ganz schließt, er alle Dinge wie in gestaltloser Nacht umfängt, bedarf es keiner Mittäterschaft, es genügt Gleichgültigkeit. Deshalb ist es bedeutsam, so wie es für die geistige und körperliche Gesundheit eines jeden von uns bedeutsam ist, auf das geringste Anzeichen von

Vergesslichkeit zu achten und umgehend etwas dagegen zu unternehmen.

Es ist in den letzten Jahren in Mode gekommen, einem Stoßgebet gleich zu wiederholen, dass »Schönheit die Welt retten wird«. Es sind Worte, die Dostojewski dem Fürsten Myschkin, dem Protagonisten in *Der Idiot*, in den Mund legt und die zumindest in Italien inzwischen wie ein tröstliches (und uns selbst freisprechendes) Mantra wieder und wieder zitiert werden, allerdings immer aus dem Kontext gerissen. »Was ist denn das für eine Schönheit, durch die die Welt gerettet werden wird«?, will der junge Ippolit von Myschkin wissen, und fügt hinzu, »dass er so leichtsinnige Gedanken jetzt deshalb hat, weil er verliebt ist«. Denn »die Schönheit ist ein Rätsel«, auch wenn man mit einer solchen, wie der von Aglaja Iwanowna »die Welt auf den Kopf stellen kann«. Für Myschkin ist die Schönheit ein Zustand der Anmut, »eine außerordentliche Steigerung des Selbstbewusstseins«, die aus »Schönheit und Gebet« besteht, einem veränderten Bewusstseinszustand, wie er ihn unmittelbar vor jedem epileptischen Anfall erlebt (»Ja, für diesen Augenblick könnte man das ganze Leben hingeben!«). Die Schönheit, von der Myschkin spricht, steht also über uns, ist etwas, an das man sich verliert, Verliebtheit oder Gebet, ein Gefühl »der Versöhnung und des entzückten, gebetartigen Zusammenfließens mit der höchsten Synthese des Lebens«.

Etwas anderes ist die Schönheit der Städte und Landschaften – sie ist berührbarer Horizont, nicht schwärmerisches Schauen; kein individuelles Gut, sondern eines der Gemeinschaft; nicht aus plötzlichen Erleuchtungen gemacht, sondern aus einer kontinuierlichen Vernetzung von Bestrebungen, von Blicken, Gesten, Kenntnissen und Erinnerungen. Nicht über uns steht sie, wir sind vielmehr selbst ein essenzieller Bestandteil von ihr, weil ein und dieselbe Luft, ein und dasselbe Blut die Monumente der Kunst, die Natur und die Geschichte mit demjenigen verbindet, der sie geschaffen hat, sie bewahrt und in ihnen wohnt. Sie ist die lebendige Erfahrung der Männer und Frauen heute, die Vermittler und Bindeglied zwischen den vergangenen und künftigen Generationen sind.

Athens außerordentliche Schönheit hat die Stadt nicht vor dem eigenen Vergessen bewahrt, auch nicht vor dem Raub ihrer

Zierden und den darauffolgenden Zerstörungen. Weder hinderte es die Herzöge von Athen aus der Florentiner Familie Acciaiuoli daran, die Propyläen in ihren befestigten Wohnsitz zu verwandeln (um 1403), oder die Türken, den Parthenon als Lager für Munitionspulver zu nutzen, noch den Venezianer Francesco Morosini, Kanonen auf ihn abzufeuern und größtenteils in die Luft zu sprengen (geschehen am 26. September 1687, wovon die mehr als 700 Kanoneneinschläge auf den Marmorwerken des Perikles und Phidias zeugen). Wenn wir uns nur ein wenig umsehen, in unseren Landschaften und Städten, wird deutlich, dass es nicht genügt (nie genügt hat), allein auf Schönheit zu bauen, es nicht genügen wird, von ihr eine wundersame, selbstauslösende Rettung zu erwarten und uns damit von jeglicher Verantwortung loszusprechen. Schönheit muss im Gegenteil von den Lebenden Tag für Tag gepflegt werden, wenn wir etwas von ihr für uns selbst und über unseren Tod hinaus erhalten wollen. Die Schönheit wird nichts und niemanden retten, sofern es uns nicht gelingen wird, die Schönheit zu retten und mit ihr die Kultur, die Geschichte, die Erinnerung, die Ökonomie, kurz, das Leben.

Venedig ohne Bürgerschaft

Die Gefahr des Verschwindens von Erinnerung schwebt über uns allen, sie bedroht das menschliche Zusammenleben, gefährdet die Zukunft, raubt der Gegenwart den Atem. Geht man von der Stadt als idealtypischer Form der menschlichen Gemeinschaft aus, so ist Venedig heute, nicht nur in Italien, das herausragende Symbol für die Verdichtung dieser Bedeutungen, steht aber auch emblematisch für ihren Untergang. Sollte Venedig jemals sterben, wird dies nicht der Grausamkeit eines Feindes geschuldet sein oder dem Eindringen eines Eroberers. Es wird vor allem durch ein Vergessen der eigenen Identität geschehen. Dieses Sich-selbst-Vergessen bedeutet für eine Gemeinschaft der heutigen Zeit nicht nur das Ausblenden der eigenen Geschichte und auch keine morbide Gewöhnung an Schönheit, welche sie in ihrer Selbstverständlichkeit als blutleeres Ornament erlebt und Trost in ihr sucht. Es bedeutet vielmehr das fehlende

Bewusstsein für etwas, das immer notwendiger wird, nämlich die ganz spezifische Rolle einer jeden Stadt im Vergleich zu all den anderen, ihre Einzigartigkeit und Verschiedenheit – Eigenschaften, die Venedig in höherem Maße besitzt als jede andere Stadt auf der Welt. So wie jedes menschliche Lebewesen durch das charakterisiert wird, was einmalig an ihm ist, dies aber erst im direkten Vergleich mit den Begabungen und Erfahrungen anderer herauszuheben und gewinnbringend einzusetzen vermag, so auch die Städte: In der grenzenlosen Mannigfaltigkeit ihrer geschichtlichen Wechselfälle, der urbanen Formen, architektonischen Sprachen, der Materialien, mit denen sie errichtet wurden, und den Landschaften, in die sie eingebettet sind, ist jede Stadt einzigartig und wird als solche von ihren Bewohnern erlebt und geliebt. Es ist dieses Erbe, auf dem sie ihre Zukunft aufbauen sollte. Allerdings steht jede Stadt auch *repräsentativ* für eine ganz besondere Entwicklung, die aus dem Zusammenspiel von Ähnlichkeiten und Unterschieden zu anderen Städten Sinn, Kraft und Bestimmung zieht. Jede Stadt ist das Ergebnis einer endlosen Zahl von Entscheidungen, die im Verlauf der Zeit getroffen wurden; Entscheidungen, die an jeder Gabelung ihrer Geschichte eine andere Richtung hätten weisen können. Aus diesem Grund sind in jeder Stadt noch weitere enthalten: Städte, die sie einmal gewesen ist und die mehr oder weniger deutliche Spuren hinterlassen haben, aber auch die potenziellen Städte, jene, die sie hätte sein können, aber nicht war, und die man zuweilen aufgrund von Ähnlichkeit oder Affinität in anderen Städten verkörpert sieht. Das physische Gewebe der Stadt und die Morphologie ihres Standortes bilden ein Ganzes mit dem Netz ihrer Institutionen, der Ereignisse, deren Schauplatz sie war und ist, der Pläne und Hoffnungen, denen sie Raum geboten hat und die sie immer noch hervorzubringen vermag. Das Aufeinanderfolgen der Generationen, die jenes Geflecht gewebt haben, ist wesensgleich mit ihm, erzeugt es und wird durch es erzeugt.

Im Italien der hundert Städte ist die urbane Gestalt viele Male geboren und wiedergeboren worden: in den griechischen und etruskischen Städten, in Rom und auf römischem Territorium, durch ein langes und fruchtbares Mittelalter hindurch und in einer spektakulären Abfolge und Kontinuität seit der Renaissance bis in die jüngste Vergangenheit. Obwohl sie sich seitdem grundlegend erneuert hat, sind häufig Mauerringe, Straßenzüge, Tempel, auch jahrhundertealte Brücken erhalten geblieben, lebendige Spuren einer Vergangenheit, die so reich ist, dass man sie unmöglich ignorieren kann. Noch immer vermag man in italienischen Städten Straßenzüge zu entdecken, denen ähnlich oder gar mit jenen identisch, die Vergil, Dante oder Ariost entlanggegangen sind. Auf unserer geistigen Reise von den Alpen bis nach Sizilien erkennen wir eine unvergleichliche Vielfalt lokaler Formen des städtischen Lebens, von denen jede einzelne nicht nur in Palästen, Kirchen und Plätzen Gestalt annahm, sondern sich auch, von den Königen Neapels bis hin zu den Republiken von Genua und Venedig, in Institutionen und Regierungspraktiken niederschlug. Und in diesem abwechslungsreichen Szenario der Städte vollzog sich über Generationen hinweg ein intensives Nachdenken über das Wesen der Bürgerschaft [im Italienischen wird der Begriff ›Stadtbürger‹, *cittadino*, und nicht ›Staatsbürger‹ benutzt; Anm. d. Ü.], mit der Vergangenheit als Folie, vor deren Hintergrund die Gegenwart gelesen wurde. Auf den ersten Blick können wir eine Teilansicht von Palermo oder Neapel von einer Genuas oder Venedigs unterscheiden, doch zugleich erkennen wir trotz aller formidablen Vielfalt auch einen gemeinsamen – italienischen – Faden, und zwar aufgrund desselben Zusammenspiels von Verweisen und Gemeinsamkeiten, die in den Versen des Toskaners Dante das Echo der sizilianischen Dichter widerhallen lassen und auf den Seiten des Lombarden Manzoni die Neubildung einer auf dem Toskanischen beruhenden literarischen Sprache dokumentiert. Zeitliche Kontinuität und räumliche Vielfalt sind die beiden Pole, zwischen denen sich die Geschichte der italienischen Stadt (und Zivilisation) bewegt: eine Geschichte, die Gewerbe, Handel und Künste, Musik und Dichtung, das Bestellen der Felder und die Miniaturmalerei in Manuskripten, den Beruf des Architekten wie den des Arztes mit einschließt. In diesem Zusammenspiel von Konstanten und Varianten wird eine ›italienische‹ urbane Form erkennbar, die es in weiten Teilen der Welt zu einem der einflussreichsten Modelle werden ließ. Und es ist gerade die Polarität zwischen Stadt und Land, die den ursprünglichen Kontrast zwischen natürlichem Raum und urbanem Raum, zwischen einer natürlichen Ordnung und einer Ordnung der Kultur auf immer neue Weise zum Ausdruck bringt.

Jede Stadt ist also eine lebendige Erzählung der eigenen Geschichte, aber auch das Gesicht und in Stein übersetzter Ausdruck der Bevölkerung, die in ihr lebt, sie bewahrt und gestaltet. Stadt und Bevölkerung sind eins, ein einzelner Knoten verknüpft die Erfahrung der Lebenden mit der Erinnerung der Dinge. Aber wie steht es um die Bewohner von Venedig? Wird es den Venezianern gelingen, unter dem Schutz der Ruhmestaten jener *città nobilissima, et singolare,* dieser überaus vornehmen und einzigartigen Stadt, wie der Florentiner Francesco Sansovino seine Chronik übertitelte (1581), Herz und Wesen ihrer Stadt zu bewahren?

Das Territorium von Venedig schließt gemäß der aktuellen Verwaltungsgliederung auch ein ausgedehntes Gebiet auf dem Festland mit ein, darunter Marghera, Mestre und weitere Bezirke, wie den Flughafen von Tessera. Hierher hat es die Bevölkerung, vor allem die jüngeren Generationen, in den vergangenen Jahrzehnten gezogen. Ungeachtet der Fluktuation innerhalb der Gemeinde ist die Population auf dem gesamten Gebiet von 1971 bis 2011 um gut 100 000 Einwohner gesunken (von 363 062 auf 263 996). Betrachten wir hingegen, wie es notwendig ist, ausschließlich die im historischen Zentrum ansässige Bevölkerung, liefern die Daten ein sehr viel dramatischeres Bild:

1540	129 971
1624	141 625
1631 (nach der Pest von 1630)	ca. 98 000
1760	149 476
1797 (Fall der venezianischen Republik)	137 240
1871	128 787
1951	174 808
1961	137 150
1971	108 426
1981	93 598
1991	76 644
2001	65 695
2012 (30. Juni)	58 606
2013 (21. Oktober)	57 539
2014 (30. Juni)	56 684
2015 (30. Juni)	56 072

Venedig hat also in den vergangenen Jahrhunderten nur einmal einen vergleichbaren Bevölkerungseinbruch wie heute erlebt, und zwar infolge der Pestepidemie von 1630, nach der fast ein Jahrhundert vergehen musste, bis das ursprüngliche Niveau wieder erreicht wurde. Gleichermaßen vernichtend, wenn auch die demographischen Daten hier weit weniger zuverlässig sind, wütete die Pest von 1348, welche die Zahl der Einwohner von circa 120 000 auf 58 000 – etwas mehr als heute – dezimierte. Seit den siebziger Jahren des 20. Jahrhunderts hat sich in Venedig jedoch eine neue Epidemie eingenistet. 1950 gab es in Venedig 1924 Neugeborene gegenüber 1932 Verstorbenen (also ein fast ausgeglichenes Verhältnis). Im Jahr 2000 ändern sich die Proportionen und die Bilanz kippt ins Negative: 404 Neugeborene, 1058 Verstorbene. Überalterung und Wegzug der Ansässigen, Auflösung der Familien, niedrige Geburtenrate und stetiger Rückgang der Bevölkerung zeichnen das Bild einer Stadt auf der Flucht vor sich selbst. Vor diesem Hintergrund verstehen wir, warum in der Apotheke Morelli am Campo San Bartolomeo ein Leuchtzählwerk installiert wurde, das Tag für Tag die kontinuierlich abnehmende Zahl der Einwohner Venedigs dokumentiert. Keine öffentliche Institution hat diesen dramatischen *Count-down* inszeniert, sondern eine Bürgergruppe. Einer von ihnen, Matteo Secchi, verkündet: »Sehr bald werden wir Venedigs Begräbnis feiern und den Sarg in einem Trauerzug zum Rathaus tragen«. Hinzu kommt, dass die im historischen Zentrum wohnhaften Venezianer »ihren Bürgermeister gar nicht wählen, weil die Zahl der Einwohner von Mestre (das Festland der Gemeinde) dreimal so hoch ist« (so der Ökonom Francesco Giavazzi).

Wer sind also ›die Bürger‹ Venedigs? Und was ist das für eine Seuche, die dabei ist, sie auszulöschen? Während die Stadt sich leert, fallen die Reichen und Berühmten über sie her, die bereitwillig Höchstpreise für ein Haus zahlen, ein Statussymbol, das sie dann fünf Tage im Jahr bewohnen. Dieser allmähliche Austausch der Bevölkerung hat zu einer Verzerrung des Marktes geführt und zwingt ihm ein Preissystem auf, das die Venezianer aus ihrer Stadt hinausdrängt und sie zur Hauptstadt der Zweitwohnungsbesitzer macht, die mit viel Pomp und Mondänität in Erscheinung treten, um dann wieder für Monate im Nichts zu verschwinden. Unterdessen schieben sich jedes Jahr acht

Millionen Touristen durch die Straßen und Kanäle von Venedig, den Übernachtungszahlen von 34 Millionen steht eine maximale »Traglast« von 12 Millionen gegenüber (G. Tattara, *Contare il crocerismo*, 2014). Mit anderen Worten: Auf jede Person, die dauerhaft in Venedig lebt, kommen mehr oder weniger 600 flüchtige Besucher. Dieses desaströse Missverhältnis hat die Sprengkraft einer Bombe, mit drastischen demographischen und wirtschaftlichen Folgen. Die Stadt wird inzwischen von einer touristischen Monokultur dominiert, welche die Einheimischen vertreibt und das Überleben der Zurückgebliebenen und der Stadt fast ausschließlich an die Bereitschaft zur touristischen Dienstleistung knüpft. Nichts anderes scheint Venedig hervorbringen zu können als *bed & breakfast*, Restaurants und Hotels, Immobilienagenturen, den Verkauf typischer Produkte (von Glas bis zu Masken) und das Ausrichten sinnentleerter Karnevale, mit melancholisch geschminkter Miene, um den Anschein eines pausenlosen Dorffestes zu wahren. Und die Seuche, die das soziale Gefüge der Stadt, ihren Zusammenhalt und die öffentliche Kultur heimsucht und unterwandert, wird aus dem Bewusstsein verdrängt.

Und doch dominiert der Tourismus, der Venedig entvölkert, nach wie vor alles, so sehr, dass nicht einmal die aktuellen 2 400 Unterbringungseinrichtungen die Begierden zu stillen vermögen. Sollte es nicht gelingen, den von der Region Venetien beschlossenen *piano casa* zur Gebäudeerweiterung zu stoppen, könnte die Zahl der Beherbergungsbetriebe im historischen Zentrum auf 50 000 anwachsen und damit den Großteil des Stadtkerns vereinnahmen (Stella, ›Corriere della Sera‹, 25. Januar 2014). Allein entlang des Canal Grande, dieser so besonderen Straße einer besonderen Stadt, haben seit dem Jahr 2000 das Schulamt, der *Consiglio Nazionale delle Richerche* (›Nationaler Forschungsrat‹), eine Reihe von Justizbüros, jene der Verkehrsbetriebe, das Deutsche Konsulat, der Sitz von *Mediocredito*, darüber hinaus rund zwanzig Gebäudeeinheiten, Arztpraxen und Lagerhäuser geschlossen. An ihrer Stelle wurden sechzehn neue Hotels eröffnet (mehr als eines pro Jahr, allein elf seit 2007), mit einer Kapazität von 797 Betten. Auf den vier derzeitigen Baustellen entstehen Luxushotels, zwei sollen noch vor Weihnachten eröffnen, die anderen beiden 2016. Auf diese Weise wird die natürliche Mischung von Funktionen in der historischen Altstadt abgetötet und durch eine Monokultur des Tourismus und Hotelgewerbes ersetzt.

Nur, die Bürger von Venedig sind nicht die Touristen, auch nicht die aufmerksamsten, die Tage oder gar Wochen dort verweilen. Es sind auch nicht die Besitzer der Unmengen von Zweit-, Dritt- oder Viertwohnungen, die sie kaum bewohnen. Weder die einen noch die anderen vermögen das zu sein, was Menschen für eine Stadt sein sollten: Lebenssaft in jenen Adern, die ihre Straßen und Plätze sind; die Bewahrer und Urheber der Erinnerung; eine Gemeinschaft, welche die materielle Form der Stadt und ihre ethische Vernunft definiert – *Le pietre e il popolo*, die Steine und das Volk, wie es der Kunsthistoriker Tomaso Montanari 2013 im Titel seines Buches formuliert. Ist heute tatsächlich der immer spärlichere Haufen der in Venedig ansässigen Einwohner, die einem fast wie Überlebende nach einem Kahlschlag erscheinen, dieses Volk von Venedig? Sie werden es sein können, allerdings nur, wenn wir jene unter ihnen nicht alleine lassen, die »den stolzen und verzweifelten Versuch unternehmen, zu überleben, während ihre Stadt tagein, tagaus von einem nicht abreißenden Strom der Millionen von Fremden überschwemmt wird, die dort keine wirkliche Investition tätigen können« (Polly Coles, *The Politics of Washing. Real Life in Venice*, 2013). Venedig läuft Gefahr, bald ohne Bürger dazustehen. Wenn wir dies verhindern wollen, müssen auch wir Nicht-Venezianer uns zu Bürgern von Venedig, zu Bewahrern seiner Schönheit und Erinnerung machen und sorgsam über seine Zukunft wachen. Bürger sein müssen wir während unserer seltenen Besuche, vor allem aber indem wir dieser Stadt den Tribut zollen, den sie von uns einfordert: eine tiefgreifende Reflexion über jene Stadtform, die Venedig auf höchstem Niveau darstellt, über die Lebensart (und das Dasein als Bürger in der Stadt), die in ihr verkörpert ist, sowie über die Notwendigkeit, ein Konzept zu erarbeiten, das den Lebenssaft – die Bürger – wieder durch seine Adern strömen lässt. Wir müssen Venedigs ›Volk‹ sein, weil uns das Nachdenken über Venedig etwas über die *anderen* Städte, die, in denen wir leben, begreiflich machen wird und uns hilft, ihren Sinn und ihr Schicksal – unser Schicksal – zu verstehen.

Die unsichtbare Stadt

Haben Städte eine Seele? Die Unterscheidung beziehungsweise Opposition von ›Körper‹ und ›Seele‹ ist in tausendfachen Deklinationen und Varianten in allen menschlichen Kulturen präsent. Nehmen wir Sokrates: Für ihn ist die *psyche* das wahre Ich, das Bewusstsein von sich selbst und der Welt, das Wissensprinzip, das innere Gericht, die moralische und rationale Instanz, die Anleitung zu moralischem Handeln. Kern der individuellen Lebensführung ist die »Fürsorge für die Seele«, will heißen das Wissen darum, welches das gute Leben ist, dem es nachzustreben gilt und im Einklang mit dem man in der Polis (in der Stadt und der Gemeinschaft der Bürger) zu handeln hat. Seele und Körper widersprechen sich nicht, sondern ergänzen sich wie zwei Seiten derselben Individualität. Der Körper ist das Werkzeug der Seele, die ihn anleitet und seine Impulse mit Blick auf ein ethisch höherstehendes Ziel steuert.

Ohne auf weitere Formulierungen drängen oder das Verhältnis zwischen ›Seele‹ und ›Körper‹ zeitgemäß übersetzen zu wollen, soll uns diese antike Doktrin als wirkungsvolles metaphorisches Instrument dienen, das nicht nur das Individuum, sondern die menschliche Gemeinschaft erfasst. Eines, das nicht allein die Polis als institutioneller Apparat und Schauplatz der Demokratie betrifft, sondern auch die physische Form der Stadt. Versuchen wir uns vorzustellen, die Stadt habe einen Körper, bestehend aus Mauern, Gebäuden, Plätzen und Straßen, aber auch eine Seele; und dass diese Seele nicht nur ihre Bewohner sind, sondern auch ein lebendiges Geflecht aus Erzählungen und Geschichten, Erinnerungen und Grundsätzen, Sprachen und Bedürfnissen, Institutionen und Plänen, die ihre aktuelle Form bestimmt haben und ihre künftige Entwicklung lenken werden. Eine Stadt, nur aus Mauern, ohne Seele, wäre ein toter, trauriger Ort, gliche dem trostlosen Szenario nach dem Einschlag der Neutronenbombe, die jede Form von Leben auslöscht, aber die Gebäude unversehrt lässt und sie dem Gebrauch durch einen künftigen Eroberer überlässt. Unsere Erfahrung zeigt jedoch, dass eine Stadt der Mauern und eine Stadt der Menschen miteinander leben. Und in der Stadt der Menschen gibt es eine Seele, es ist die ihrer Gemeinschaft – sie ist die unsichtbare Stadt.

In dieser unsichtbaren Stadt gelten ungeschriebene und daher umso zwingendere Regeln. So zum Beispiel eine sehr deutliche, durch konventionelle und unzweideutige Zeichen betonte Unterscheidung zwischen Stadt und Land, zwischen urbanisiertem Raum und dem natürlichen Raum, der ihn umgibt. Diese Funktion erfüllten die hohen Stadtmauern der mittelalterlichen Städte, sie tun dies bis weit in die moderne Zeit hinein, wie man es etwa in Lucca noch immer zu sehen vermag. Auch darin einzigartig, bietet Venedig das expliziteste Beispiel für einen Übergang von der Ordnung der Natur zur Ordnung der Kultur über das Wasser: Die Lagune, dieses die Stadt umschließende Ökosystem, ist für Venedig noch immer das, was für andere Städte das ländliche Umland war (und in Teilen noch ist). Die Lagunenlandschaft repräsentierte einerseits die *campagna*, weil sie Anbaugebiet (Gemüse, Obst, Weinberge) und Versorgungsquelle (Fisch, Salz) war, zugleich aber eng mit der Stadt zusammenhing, weil sich auf ihren Inseln wichtige Einrichtungen für das alltägliche Leben befanden (Liegeplätze der Boote, Klöster, Hospize, Lazarette), jedoch auch dauerhaft bewohnte Siedlungen.

Eine weitere Spielregel, untrennbar verbunden mit der ›unsichtbaren Stadt‹ und damit auch mit ihrer realen physischen Gestalt, bestimmt das Spannungsverhältnis zwischen dem Gründungsakt, der naturgemäß in einem präzisen zeitlichen Moment rituell erfolgt, und der langsamen Ausbreitung des städtischen Gewebes. Der Akt der Gründung, oft eingebunden in historische oder mythische Erzählungen, impliziert, dass jeder sichtbaren Stadt eine unsichtbare im Geiste vorausgeht, wie etwa die Furche, die Romulus bei der Gründung Roms um das Stadtgebiet zieht, noch bevor darin auch nur ein einziges Haus steht. Aus dieser präexistenten Stadt, aus ihrer ›Seele‹, leitet die sichtbare Stadt eine Reihe von Normen ab, die an spezifische Funktionen geknüpft sind: so beispielsweise architektonische Gestaltungsformen, die Hierarchien und Aneinanderreihung der Stadtviertel und Straßen, Diktion und Fügetechniken in Mauerwerksbau und Baugliedern. Mit der Zeit formt und verändert die unsichtbare die sichtbare Stadt, erschafft sie nach ihrem Bild und Gleichnis, verwandelt die Tempel der Götter in Kirchen und Moscheen, die Paläste der Herrscher in Museen.

Mit der Zeit verändert sich das Verhältnis zwischen privatem Raum und den vielfachen Untergliederungen des öffentlichen Raums, die dem religiösen, politischen, sozialen und wirtschaftlichen Leben gewidmet sind. Die sichtbare Stadt erzählt, oft nur durch verstreute Überbleibsel, von der Geschichte der unsichtbaren Stadt. Wie in einem Palimpsest lässt sie unter den Häusern und Straßen von heute die soziale Ordnung, aber auch die Spannungen und Konflikte all unserer Gestern hervorscheinen.

Die unsichtbare Stadt begleitet uns Schritt für Schritt, ist in uns – wir *sind* die unsichtbare Stadt. »Diese Stadt, die sich nicht aus dem Gedächtnis löschen lässt, ist wie ein Gerüst oder Gitterwerk, in dessen Felder jeder einordnen kann, woran er sich erinnern will« (Italo Calvino, *Die unsichtbaren Städte*, ital. Ausgabe 1972, dt. Übers. 2013). Für jeden von uns ist die eigene Stadt ein unverzichtbares mnemotechnisches Theater, ein Orientierungsrahmen für die individuelle Erinnerung und das kollektive Gedächtnis. Keine Stadt der Menschen kann allerdings, wie Calvinos *Zora*, gezwungen werden, »immobil und sich selbst immer gleich zu bleiben, damit man sich leichter an sie erinnern [kann]«. Denn dies würde allein dazu führen, dass sie dahinsiechen, zerfallen und vergehen würde und folglich in Vergessenheit gerät. Das Paradox der Erinnerung besteht darin, dass sie der Veränderung bedarf, so wie sie notwendigerweise sich selbst konservieren und wiederholen muss: »Die Stadt ist redundant: Sie wiederholt sich, damit etwas im Gedächtnis haftenbleibt. […] Sie wiederholt die Zeichen, damit die Stadt zu existieren beginnt« (*Die unsichtbaren Städte*). Der Großkhan stellt fest, dass alle Städte, die Marco Polo beschreibt, sich gleichen. Darauf erwidert dieser: »Beim Reisen merkt man, dass die Unterschiede verblassen: Jede Stadt gleicht sich allen Städten an, die Orte tauschen untereinander Form, Ordnung, Entfernungen aus, ein unförmiger Staub überzieht die Kontinente«.

»›Da ist noch eine, von der du nie sprichst.‹
Marco Polo senkte den Kopf.
›Venedig‹, sagte der Khan.
Marco lächelte. ›Wovon sonst, meinst du wohl, habe ich dir erzählt?‹

Der Kaiser verzog keine Miene. ›Und doch habe ich nie seinen Namen von dir gehört.‹

Darauf Polo: ›Jedesmal, wenn ich eine Stadt beschreibe, sage ich etwas über Venedig.‹

›Wenn ich dich nach anderen Städten frage, möchte ich dich über sie sprechen hören. Und von Venedig, wenn ich dich nach Venedig frage.‹

›Um die Eigenschaften der anderen zu unterscheiden, muss ich von einer ersten Stadt ausgehen, die implizit bleibt. Für mich ist das Venedig.‹

[...]

›Wenn die Bilder der Erinnerung erst einmal in Worte gefasst sind, erlöschen sie‹, sagte Polo. ›Vielleicht fürchte ich, das ganze Venedig auf einmal zu verlieren, wenn ich davon spreche. Oder vielleicht habe ich es, während ich von anderen Städten sprach, bereits nach und nach verloren.‹«

Richtung Chongqing

Wenn Marco Polo dem Khan hundert reale und imaginäre Städte beschreibt, tut er nichts anderes, als das Bild Venedigs, seiner unsichtbaren Stadt, in Brechung zu spiegeln. Und Calvino tut es ihm nach, er prägt Bilder von Städten, die an Venedig erinnern. Warum dies so ist, erklärt er 1983 seinen Studenten an der Columbia University:

»*Die unsichtbaren Städte* sind ein Traum, der im Herzen der unwohnlichen Städte geboren wird [...]. Die Krise der zu großen Stadt ist die andere Seite der Krise der Natur. Die Vorstellung der ›Megalopole‹, einer grenzenlos ausufernden, uniformen Stadt, die sich allmählich über die ganze Welt ausbreitet, beherrscht auch mein Buch.«

Als Gegenpol zur Megalopole schlägt Calvino Venedig vor, es ist das Antidoton zur formlosen Stadt. Und so kommentiert er den gewaltigen Atlas von Kublai Khan, in dem alle Städte enthalten sind, die Haus für Haus beschrieben werden:

»Der Katalog der Formen ist endlos: Solange nicht jede Form ihre Stadt gefunden hat, werden fortwährend neue Städte entstehen. Wo die Formen ihre Variationen erschöpfen und sich auflösen, beginnt das Ende der Städte. Auf den letzten Karten in Kublais Atlas zerfließen Gitternetze ohne Anfang und Ende, Städte in Form von Los Angeles, in Form von Kyoto-Osaka, ohne Form. [Dort, wo die Stadt] nur die Peripherie [ihrer] selbst ist und [ihr] Zentrum überall hat«.

Die Stadt, das höchste Kulturprodukt der menschlichen Zivilisation, hat in dem Jahrhundert, das hinter uns liegt, einen beispiellosen Wandel durchgemacht. Die städtische Dimension ist drastisch ausgeweitet und durch die Verbreitung exorbitanter Megalopolen substanziell verändert worden, sie generiert menschliche Ameisenbauten, in denen sich Abermillionen Menschen im Namen von Produktivität, geblendet von der Illusion des sozialen Aufstiegs oder um des nackten Überlebens willen zusammendrängen. Noch viel mehr als zu Calvinos Zeiten sind sie zu Lebensbedingungen und -rhythmen verurteilt, die nichts mehr mit dem Geist verbindet, der die Idee und Form der Stadt hervorgebracht hat. Im Gegenteil: Die Ausübung der bürgerlichen Tugenden und die Umsetzung der Demokratie sind in ihnen immer unwahrscheinlicher geworden.

Megalopolis (›große Stadt‹) war der Name einer neuen Stadt, die der thebanische Feldherr Epaminondas 371 v. Chr. in Arkadien gründete, um die Macht Spartas einzudämmen. Sie hatte nur wenige Zehntausend Einwohner, die aus anderen Regionen Griechenlands zusammengezogen worden waren, und dies genügte, um eine ›große Stadt‹ zu schaffen. In seinem Buch *Megalopolis: The Urbanized Northeastern Seaboard of the United States* schlug der Geograph Jean Gottmann 1961 vor, diesen Begriff als Bezeichnung für eine Ansammlung aneinandergrenzender und als komplementäre Teile von als größere Einheit verstandenen städtischen Gebieten zu nutzen, wie zum Beispiel das sich von Boston über Baltimore bis Washington D.C. erstreckende Städteband an der Ostküste der USA. Heute wird der Ausdruck Megalopole zur Bezeichnung städtischer Konglomerate verwendet, in denen mindestens zwanzig Millionen Einwohner leben.

Die Konzentration weiter Teile der Menschheit in städtischen Ballungszentren scheint unaufhaltsam fortzuschreiten. Um die Mitte des 19. Jahrhunderts lebten nur drei Prozent der Weltbevölkerung in der Stadt. Laut einem Bericht der Vereinten Nationen liegt dieser Anteil heute bei 54 Prozent, die Prognosen besagen, dass er 2030 die 70-Prozent-Marke erreichen und damit zwei Drittel der Menschheit umfassen wird. 1950 lebten nur in 83 Städten auf der ganzen Welt über eine Million Einwohner, heute haben mindestens 500 Städte diese symbolische Schwelle überschritten, wenigstens in 15 großstädtischen Ballungsgebieten wurde die 20-Millionen-Grenze passiert, darunter Tokyo (38 Millionen), Guangzhou oder Kanton (32 Millionen), Shanghai (30 Millionen), Jakarta (26 Millionen), Seoul (25 Millionen), Delhi, Karatschi und Mexiko-Stadt (jeweils um die 24 Millionen). Die Stadt weitet sich unbegrenzt aus, in Asien und Afrika mit noch größerer Schnelligkeit und Intensität als anderswo und vor allem dort, wo eine ›historische Stadt‹ fehlt oder man (wie in China) entschlossen ist, sie kompromisslos zu zerstören und nur hie und da den einen oder anderen fossilen Überrest stehenzulassen. Im Extremfall (vor allem in Afrika) gehen die Urbanisierungsprozesse mit der Verarmung derjenigen einher, die es in der Hoffnung auf ein besseres Leben in die Stadt zieht. Nach Einschätzung der Vereinten Nationen lebt heute ein Siebtel der Weltbevölkerung, das sind eine Milliarde Menschen, in *Bidonvilles* oder *Shanty towns*, die den Namen ›Stadt‹ nicht verdienen. In einigen Ländern (wie Äthiopien oder Uganda) bestehen die Städte zu 90 Prozent aus Elendsvierteln. Zwischen Megalopole und Barackenstadt hat sich eine perverse Dynamik entwickelt. Ist Asimovs *Ecumenopolis*, die Stadt, die mit ihren 40 Milliarden Einwohnern die gesamte Oberfläche des Planeten Trantor bedeckt, also Alptraum oder Prophezeiung?

In dieser neuen Art von Stadt, die mit der ursprünglichen Idee nichts als der Name verbindet, ist der soziale Raum den Produktionszwängen unterworfen, während die Anhäufung menschlicher Wesen als Äquivalent zum Gewimmel im Termitenbau erscheint, mit dem Unterschied, dass sich in den Städten nicht nur diejenigen drängen, die Arbeit haben, sondern auch jene, die sich (oft vergeblich) darum bemühen. Die ›große Stadt‹ kommt der Forderung nach maximaler Ausbeutung des

Einzelnen im Interesse der Produktivität der Gesamtheit nach. Es war die Industrie, im eigentlichen Sinn aber die Fabrik (auch diese seit dem 19. Jahrhundert in kontinuierlicher Expansion), die diesen Prozess der Verdichtung von Wohnraum und Menschen ausgelöst hat, ursprünglich mit dem Ziel, die Distanz zwischen Wohnung und Arbeitsplatz zwecks Produktionsmaximierung zu verringern. In Europa überschnitt sich dieser beispiellose Prozess an der Wende vom 18. zum 19. Jahrhundert mit weiteren epochalen Veränderungen: starkes Bevölkerungswachstum, Alphabetisierung, gesündere Ernährung, medizinischer Fortschritt und Körperhygiene, individueller Wohlstand, steigender Konsum. Auf diesem in den Farben von Modernität und Fortschritt schillernden Weg sind Häuser und Fabriken, Industrie und Stadt miteinander verwachsen. Es entstand das Bild der Stadt als immensem Agglomerat, wo der Einzelne sich zwar in der Menge verlieren konnte, die Arbeitsmöglichkeiten und Lebenserfahrungen sich jedoch zugleich multiplizierten.

Das neue Modell des Zusammenlebens, entstanden aus der Absicht, die Produktivität des städtischen Proletariats zu steigern, setzte sich auch dort durch, wo es eine Arbeiterklasse gab, aber keine Fabrik. In den *Favelas*, den Elendsperipherien Lateinamerikas, in denen die Neuankömmlinge Unterschlupf suchen, greift man, wenn es keinerlei Aussicht auf Arbeit gibt, auf Notlösungen, Hintertüren, List und Kriminalität zurück – alles Ingredienzien einer trügerischen Hoffnung auf Wohlstand und sozialen Aufstieg. Hier hat die Glückseligkeit des Bienenstocks ihren Ursprung, die Bereitschaft, in der Masse aufzugehen, und die feste Überzeugung, dass das eigene Wohlergehen nach einer Selbstreduktion im Produktionsgetriebe verlangt (wenn möglich), oder auch nur nach einer Selbstauflösung in einem ›modernen‹ Habitat. Die unwiderstehliche Anziehungskraft der neuen Verhaltensmuster bringt eine neue Wahrnehmung von Freiheit hervor, das Eintauchen des Individuums in die gesichtslose Masse vor dem Hintergrund des Doppelrituals von Produktion und Konsum. Die Überwindung der ›alten‹ Dimension des Lebens auf dem Lande oder in kleinen Siedlungen wird als ein Abschied von der Armut erlebt.

Diese Entwicklung lässt sich symbolisch an dem ungestümen Wachstum der Verwaltungseinheit Chongqing (Zentralchina) nachvollziehen, wo 1930 noch 600 000 Einwohner lebten, heute sind es bereits 32 Millionen (das bedeutet einen Zuwachs von fast drei Millionen allein in den letzten drei Jahren). Dutzende Wolkenkratzer prägen die Landschaft, ein ›urbaner Wald‹ auf einer Fläche von 82 000 Quadratkilometern, mit einem stetig wachsenden industriellen Sektor und dabei vor allem der Automobilindustrie, die einen Marktanteil von 18 Prozent an der weltweiten Produktion hält. Das ›Modell Chongqing‹, das insbesondere unter Bo Xilai propagiert wurde, lockt einerseits mit starken Anreizen, mit denen die ländliche Bevölkerung zum Umzug in die Stadt bewegt wurde, wie staatlichen Beihilfen, welche die Urbanisierung begünstigen (Wohnungen für junge Leute, Studenten, Bedürftige). Andererseits sieht es eine starke Polizeikontrolle zur Unterdrückung von Kriminalität und rechtswidrigen Verhaltensweisen vor. Unter der Regierung Bo Xilais, der von 2007 bis 2012 Sekretär der kommunistischen Partei von Chongqing war, wurden Moralisierungskampagnen im Geist eines Neo-Maoismus durchgeführt, von denen sich später die zentrale Regierungsbehörde distanzierte, nach dessen Entfernung aus dem Amt. Dem von massiven staatlichen und sozialpolitischen Maßnahmen geprägten ›Modell Chongqing‹ steht das ›Modell Guangdong‹ gegenüber (benannt nach der Provinz, in der die Stadt Kanton liegt), das auf Eigeninitiative und Marktwirtschaft setzt. Trotz vieler Unterschiede sind die Städte in beiden Modellen von riesigen Dimensionen: Chongqing und Guangzhou-Kanton haben mit 32 Millionen Einwohnern annähernd dieselbe Größe.

Stehen wir also alternativlos vor dieser neuen Dimension von Stadt, einer neuen ›unsichtbaren Stadt‹, die wir alle in uns tragen müssen, während unser Jahrhundert voranschreitet? Ist es tatsächlich unvermeidlich, dass sich auch kleine Städte ins megalopolitische Gewand werfen und unterirdische Tunnel, Satellitenviertel, Stadtautobahnen und andere Hilfsmittel zur Desorientierung immer weiter potenzieren? Ist die Stadt der Menschen, die am menschlichen Maßstab orientierte Stadt von einer konsumgesteuerten Produktionsmaschinerie abgelöst worden, in welcher der einzelne Mensch nur ein winziges Rädchen im gigantischen Getriebe ist, die Arbeitsbiene im nimmermüden Bienenstock? Oder hegen wir noch eine andere Erinnerung, eine andere Geschichte, eine andere Seele und unsichtbare Stadt, die man der Ausbreitung der Riesenstädte entgegensetzen könnte?

Obwohl andere Projekte ähnlichen Zuschnitts gescheitert sind (der bekannteste Fall ist die ›Geisterstadt‹ Kangbashi in der Inneren Mongolei), gilt Chongqing als zukunftsträchtige Möglichkeit. Wollen wir uns aber wirklich damit abfinden, dass dieses Modell die Welt erobert und dabei jede andere urbane Form zerstört? Oder lohnt es sich, über die Stadt der Zukunft nachzudenken und dabei Alternativen zuzulassen, indem man spezifische Merkmale, historische Auswirkungen und die heutige Lebensqualität mit einbezieht? Wollen wir die Mannigfaltigkeit und Verschiedenheit der urbanen Formen erhalten oder zerstören? Zwischen Form und Seele der historischen Stadt und jener der Megalopole gibt es kein Kontinuum, sondern eine dramatische Kluft: Venedig und Chongqing stehen für zwei Strategien des Zusammenlebens, die unüberbrückbar verschieden sind. Deshalb ist es, auch um Chongqing zu verstehen, so wichtig, über Venedig nachzudenken.

Die Rhetorik der Hochhäuser

»Die Stadt weitet sich, die Stadt dehnt sich aus. Eine Hoffnung, eingefärbt mit Gewissheit, eine arithmetische Kraft, ein Drang zum Nacheifern: auch wir werden an die drei Millionen von Paris, die vier von Berlin und die acht von London herankommen, und weiter, weiter noch. Auf den Akropolen und in den turmbewehrten Provinzgemeinden ist dieses bürgerliche Drängen der schiere Wahn.«

Diese Worte stammen von Carlo Emilio Gadda aus einem Artikel der Zeitschrift ›Civiltà delle macchine‹ (1955). Noch hat seine Prophezeiung sich nicht buchstäblich erfüllt (in Rom, der bevölkerungsreichsten Stadt Italiens, leben *nur* 2 700 000 Menschen, im Großraum allerdings schon an die 4 200 000), sie erfasst das Problem aber im Kern. Das »bürgerliche Drängen« eines kommunalen Provinzialismus, der Wahn, die Megastädte nachahmen zu müssen, um sich im Galopp mit einer

Moderne aus dem Werbespot gleichzuschalten. Gesteuert von einem devoten »Drang zum Nacheifern«, ist dieser aussichtslose Wettlauf heute obsessiv auf ein ganz bestimmtes Thema zugespitzt: der Bau von Wolkenkratzern, insbesondere von immer höheren Wolkenkratzern. Eine Rhetorik des Bittstellens identifiziert sozialen Fortschritt und individuelles Wohlergehen mit der eingängigen Ikone des Wolkenkratzers. In einer atemlosen, auf Zuwachs drängenden Hetzjagd versucht man der Angst zu begegnen, hinter einem unbestimmten, nebulösen ›Ausland‹ zurückzubleiben. Der Drang zum Kopieren tritt an die Stelle der Freude am Schaffen, in einer Form von *cupio dissolvi* wird die Vereinheitlichung der ›globalen‹ Modelle zum absoluten Wert stilisiert und gleichzeitig der Verschiedenheit der Paradigmen, der *exception culturelle*, der Treue zu sich selbst jede Wertigkeit entzogen.

Dabei fehlt es in Italien nicht an antiken Vorbildern vertikaler Konstruktionen. Das imperiale Rom kannte Wohnblocks von acht bis zehn Stockwerken, die aufgrund ihrer Bauweise (Ziegelmauerwerk und Holz) nicht mehr als 25 bis 30 Meter in die Höhe wachsen konnten. Beispiele solcher weitläufigen Wohnkomplexe haben sich in Ostia antica erhalten, wobei schon im 2. Jahrhundert n. Chr. der römische Satirendichter Juvenal gegen die Baulöwen von damals wetterte, die den drohenden Einsturz der Häuser fahrlässig in Kauf nahmen und klaffende Risse in den Außenmauern lediglich mit Putz ausbesserten. Noch höher baute man im Mittelalter die häufig aus Stein errichteten Wohntürme, die dicht gedrängt innerhalb der Stadtmauern standen (in Florenz gab es im 13. Jahrhundert mehr als 150 solcher Türme): die berühmte Skyline von San Gimignano mit ihren 15 weithin sichtbaren Türmen, die bis zu 54 Meter in den Himmel ragen, oder die *Torre degli Asinelli* in Bologna mit 97 Metern. Häufig wuchsen zu Verteidigungszwecken und aus Prestigegründen auch die Glockentürme in schwindelerregende Höhen: der *Torrazzo*, Kirchturm des Doms von Cremona aus dem 13. Jahrhundert, ist 112 Meter hoch, die *Ghirlandina* am Dom von Modena (12.–13. Jahrhundert) 86 Meter; in Siena wurde im 14. Jahrhundert beim Bau der *Torre del Mangia* neben dem Stadtpalast die Höhe so kalkuliert, dass die Spitze, obwohl der Turm an einer der niedrigsten Stellen der Stadt errichtet wurde, an die des Doms heranreichen würde, um die Gleichwertigkeit der beiden Machtpole symbolisch zu unterstreichen.

Türme wie diese stellten im Stadtbild ihre Vertikalität lautstark zur Schau. Als prominente Erhebungen in der Stadtsilhouette wirkten sie wie ein sofort entzifferbarer Abriss der aus der Ferne wahrgenommenen Stadtansicht und verkörperten die bürgerliche Identität und Würde des städtischen Lebens, Form und Rang der Stadt (eine Vorstellung davon geben uns heute auf Anhöhen errichtete Städte wie Orvieto, sobald wir sie wenn nicht aus der Landschaft heraus, so doch von der Autobahn aus erblicken). In vielen italienischen Städten wurden darüber hinaus Stadttürme, Glockentürme sowie Kuppeln von der Stadtverwaltung über entsprechende Verordnungen als nicht überschreitbare Obergrenze für jedes neue Gebäude festgelegt: die *Torre del Mangia* in Siena, die *Ghirlandina* in Modena, in Rom die Kuppel von Sankt Peter, in Mailand die mit einer kleinen Madonnenfigur bekrönte höchste Fiale des Doms, in Turin die *Mole Antonelliana*. Eine konventionelle Maßnahme, sicher, jedoch keine willkürliche, weil sie eine Ethik des *self-restraint*, der Selbstbeschränkung vermittelte (und dies in geringem Umfang noch immer tut), die Idee einer organischen Stadt, die über eine Erinnerung, eine Seele, ein Konzept verfügte. Die fähig ist, über sich selbst nachzudenken. Das ist nicht mehr der Fall.

Mit den Worten: »Es ist Zeit, mit solchen Tabus zu brechen«, hat ein Bürgermeister von Rom (Gianni Alemanno) das alte Verbot aufgehoben, mit dem verfügt worden war, dass auf römischem Stadtgebiet die Kuppel von Sankt Peter (133 Meter) durch nichts überragt werden durfte, und vorgeschlagen, »die Peripherien abzureißen und dichter bebaut neu hochzuziehen«, will heißen, rings um Rom und »angrenzend an das bedeutendste historische Stadtzentrum der Welt« einen Kranz von Hochhäusern zu errichten. Es stellt sich die Frage, worin diese Hochhäuser sich von den unsäglichen Architekturen unterscheiden würden, welche die nähere Umgebung von Rom, den von Poussin und Rilke so geliebten *agro romano*, heute verschandeln. Würden sie eine neue urbane Form einläuten oder der Stadt vielmehr eine Dornenkrone aufsetzen, die sie immer weiter abschnürt? Könnten sie das Ausufern der Peripherie auf Kosten der historischen und landschaftlichen Substanz eindämmen oder würden sie eher dafür sorgen, dass diese sich im allgemeinen Chaos einer unregulierten Megalopole immer weiter ausdehnt und imstande wäre, selbst Sankt Peter zu schlucken und zu zerstören? Alemanno hat seinerzeit den Eurosky-Tower im E.U.R. angeführt, der »geschaffen [ist] für eine Klientel, die modernes und anspruchsvolles Wohnen in einer *die Hauptstadt beherrschenden* Lage zu schätzen weiß«, und der »inspiriert ist von den mittelalterlichen Türmen, die das Zentrum von Rom durchsetzen«. Der Bezug zur historischen Bausubstanz wird hier instrumentalisiert, die historische Stadt anzugreifen, die von den neuen Reichen aus ihrer privilegierten Position ›dominiert‹ werden kann.

Was für Alemanno ein nicht nachvollziehbares Tabu darstellt, war in Wirklichkeit genau das Gegenteil: eine wohlüberlegte, bewusste Entscheidung, die nicht nur auf einer reichen Geschichte und Erinnerung fußt, sondern auch auf etwas, das man als das Ferment für die Gestaltung der Zukunft bezeichnen könnte. Die Idee war einfach: den Geist der *forma urbis* weitertragen, indem man sie auf die Basismodule des Wachstums gründet; indem man jeden neuen Schaffensgestus, jedes Projekt mit dem genetischen Code der entsprechenden Stadt verknüpft sowie mit der jeweiligen Erinnerungskultur von Ort und Landschaft, und so die Architektur zu einer »zweite[n] Natur« werden lässt, »die zu bürgerlichen Zwecken handelt« (Goethe, *Italienische Reise*). Die Vorfahren achten, den Nachfahren die Hand reichen. Den Architekten (auch den größten) zur Einhaltung von Regeln eines respektvollen Umgangs mit dem historischen Gedächtnis verpflichten, so wie ein Dichter (auch der größte) seine Verse auf der Grundlage feststehender Regeln verfassen muss. Diese dürfen durchaus gebrochen werden, aber nur in Auseinandersetzung mit ihnen und nicht, indem man so tut, als ob es sie nie gegeben hätte. Für unsere Kinder eine Harmonie schaffen, die jener entspricht, die unsere Eltern uns hinterlassen haben.

Diese unzeitgemäße Haltung ist mittlerweile von einer Ästhetik des Unmaßes abgelöst worden, die sich dem Bau von Wolkenkratzern verschrieben hat, und von einer Ethik, die ihren einzigen und unabdingbaren Zweck im Markt findet.

In Italien hat die Hochhausarchitektur, ohne jeglichen Bezug zu ihren antik-römischen und mittelalterlichen Vorläufern, die

Bühne der Moderne auf Zehenspitzen betreten, in der Wahrnehmung ein Importprodukt, eine Neuartigkeit aus dem Ausland, über die man sich auf dem Laufenden halten muss. Signifikant ist der dem Angloamerikanischen entlehnte Begriff *skyscraper*, mit dem zunächst der Hauptmast der transatlantischen Segelschiffe bezeichnet und gegen Ende des 19. Jahrhunderts die höchsten Gebäude von Chicago oder New York etikettiert wurden (die gar nicht einmal so viel höher waren als eine *insula* im kaiserlichen Rom und sehr viel niedriger als die mittelalterlichen Wohntürme). Ein Importprodukt war auch der erste italienische Wolkenkratzer, der 1932 auf einem Areal im Zentrum von Brescia (Piazza della Vittoria) errichtet wurde, das Marcello Piacentini nach dem Abbruch eines mittelalterlichen Stadtviertels umgestaltete. Allerdings recycelte Piacentini für seinen *Torrione dell'INA* (13 Stockwerke, 57 Meter) einen Entwurf, den er zehn Jahre zuvor bei dem berühmten Wettbewerb für den *Chicago Tribune Tower* eingereicht hatte und der nicht einmal in die Endausscheidung gekommen war. Der *Torrione* in Brescia war damals der höchste Wolkenkratzer Europas aus Stahlbeton und machte in den Jahren des Faschismus den Weg frei für weitere Experimente des Vertikalbaus, beginnend mit der *Torre Littoria* in Turin von 1934 (87 Meter) und dem ebenfalls von Piacentini erbauten Hochhausturm in Genua (108 Meter, 1940). Wie eine Welle, die an Land spült und sich wieder zurückzieht, ist die Mode der Wolkenkratzer seit damals über Italien gekommen. Hier die Zahlen:

	Anzahl der Wolkenkratzer	Max. Höhe in Meter
1932–1940	5	108
1951–1970	13	127
1990–2000	12	129
2000–2014	28	231
Projekte und Entwürfe	24	250

Bisweilen hat sich die Typologie des Wolkenkratzers mit einer Suche nach historisierenden Formen überlagert, die für die italienischen Städte angemessen erschienen – ein Beispiel ist die 106 Meter hohe *Torre Velasca* der BBPR-Gruppe, die 1958 auf einem von Bomben zerstörten Areal in Mailand errichtet wurde. Mailand, Neapel, Genua, Turin sind die Städte mit den meisten Wolkenkratzern; Mailand und Turin jene, in denen man sich dazu entschlossen hat, eine seit Jahrhunderten geltende maximale Bauhöhe zu verletzen.

Der Ex-Bürgermeister von Rom, Gianni Alemanno, ist folglich nicht allein in seinem Glauben, dass der Bruch mit dem Tabu eines auch in der Höhe regulierten urbanen Wachstums Zeichen unvoreingenommener Modernität sei. In Mailand, wo die Madonnina an der Spitze des Doms die Höchstgrenze aller anderen Gebäude der Stadt festlegte (108 Meter), ist diese Marke im Namen des Fortschritts wiederholt überschritten worden, allerdings nicht ohne ein Gegenmittel einzubauen. Erster Herausforderer war der Breda-Turm von Luigi Mattioni (117 Meter, 1954), dann übertrumpft vom Pirelli-Hochhaus von Gio Ponti und Pier Luigi Nervi (127 Meter, 1957) und jüngst überholt von dem Wolkenkratzer der Regione Lombardia (161 Meter, 2012). Jeden dieser Regelbrüche begleitete ein exorzistisches Ritual: Von Mal zu Mal wurde auf dem jeweils höheren Gebäude eine Kopie der Madonnina vom Dom angebracht beziehungsweise diese Kopie von einem Gebäude zum nächsten versetzt, die Madonnenstatue auf dem *Palazzo Lombardia* wurde am 31. Januar 2010 von Kardinal Tettamanzi geweiht. Die Vorschrift der Höhenbegrenzung wird auf diese Weise nicht nur negiert, sondern auf den Kopf gestellt, weil man sie in eine neue ›Regel‹ überführt, die der DNA der historischen Stadt fremd ist, nämlich das Multiplizieren der Madonnen, indem man jeweils eine auf das höchste Gebäude der Stadt setzt oder indem man dieselbe Kopie von einem Hochhaus zum nächsten fliegen lässt, wie der legendäre ›fliegende Frater‹ San Giuseppe da Copertino. Und solange die neuen Wolkenkratzer von Mailand (einige darunter im Bau) sich gegenseitig übertrumpfen, wird sich die Madonnina weiter vierteilen oder von hier nach da flattern müssen und mit ihrer Allgegenwärtigkeit ein längst überholtes Verbot missachten.

Diese von einer Dachspitze zur nächsten wandernde, mit den Baustellen von Mailand umherziehende Madonna ist der Präzedenzfall für das jüngste Projekt der Dombauhütte (der *Veneranda Fabbrica del Duomo*): die Umwandlung der altehrwürdigen Kathedrale in einen modernen Wolkenkratzer durch die geplante

Installierung eines stählernen Aufzugturms von 70 Metern Höhe an der Außenseite des Doms und einer Dachterrasse samt Café. Dieser störende Auswuchs am erhabenen Baukörper des Doms wurde mit Blick auf die Expo 2015 als notwendige Maßnahme gerechtfertigt, die Touristen anlocken und Einnahmen erzielen sollte. Wenig kümmerte es die (nicht ganz so) Ehrwürdige Dombauhütte, dass ihr Projekt nicht nur Schutzbestimmungen der Behörde für Kulturgüter verletzte und die zuständigen *Soprintendenze* sich gegenteilig ausgesprochen hatten, sondern auch dem Kodex des Kirchenrechts widersprach, der eine rein profane Nutzung von Kirchendächern verbietet (*ad usum mere profanum ne adhibeantur*). Aber wie es scheint, hegten weder die ambrosianische Kirche noch der Erzbischof bei dieser Dom-Vermarktung einen Verdacht auf Simonie. Durch öffentlichen Widerspruch konnte der Aufzug verhindert werden.

Und da Mailand im Verletzen der Höchstbegrenzungen mit gutem Beispiel vorangeht, warum sollte Turin dahinter zurückstehen? Die durch die *Mole Antonelliana* vorgegebene Höhenbegrenzung von 167,5 Metern wurde lange Zeit respektiert, auch von der *Torre Littoria* (1934). Das ursprüngliche Projekt des von Renzo Piano für Banca Intesa – San Paolo errichteten und umstrittenen Wolkenkratzers sah jedoch eine Höhe von annähernd 200 Metern vor. Angesichts der kontroversen Debatten wurde die Höhe auf 167,25 Meter reduziert – 25 cm weniger als die *Mole*, ein so geringfügiger Unterschied, dass dies nicht mehr als Zeichen des Respekts, sondern als höhnischer Wink gelten muss. Die Bedeutung der *Mole* für die Architektur ihrer Zeit wird damit herabgewürdigt: Für Nietzsche war sie das »genialste Bauwerk, das vielleicht gebaut worden […] aus einem absoluten Höhentrieb heraus«, Symbol für »unser Los […]; wir wachsen in die Höhe […]; das Verhängnis der Höhe, unser Verhängnis«, zumal sie zeitgleich mit den ersten Wolkenkratzern wie dem *Wainwright Building* von Louis Sullivan in St. Louis, Missouri (1890) entstand. In der Zwischenzeit soll das Hochhaus, das Massimiliano Fuksas für die Regione Piemonte baut, eine Höhe von 209 Metern erreichen, 40 mehr als die *Mole*. Für diesen Fall gibt es keine Madonnen-Attrappe, die von einem Hochhausriesen zum nächsten flattern könnte. Im Namen einer seichten Modernitäts-Rhetorik siedelt sich die Neustadt der Hochhäuser, die von

Neapel über Rom bis Mailand und Turin identisch ist, über der historischen Altstadt an, untergräbt und entmachtet sie: »Der Wolkenkratzer-Boom zersetzt die Morphologie unserer Städte« (Vittorio Gregotti).

Mailands Metamorphose in eine Art amerikanisches *downtown*, wo das Stadtzentrum – wie in Los Angeles – durch ein dicht gedrängtes Hochhaus-Cluster geprägt ist, ist kein verspäteter Triumph der Moderne, sondern ihre Fiktion. Wie in alten Komödien der Sonntagsanzug des in die Stadt übergesiedelten Bauern ist die glamouröse Hochhaus-Kulisse, mit der Mailand sich für das große Expo-Fest 2015 hat herausputzen wollen, kein Erfolgsstatement, sondern tarnt lediglich die Unsicherheit und das schlechte Gewissen jener, die sich ›rückständig‹ fühlen und deshalb im Eilverfahren auf künstlichem Weg ausländische Modelle einführen. Das historische Stadtzentrum wird davon überwältigt und herabgewürdigt: Inzwischen existieren hier Seite an Seite zwei nicht miteinander harmonierende urbane Modelle, in einem Nebeneinander ohne Bindeglieder und Filter. Diese Nachbarschaft ist keineswegs neutral oder harmlos, sondern bringt eine starke Hierarchisierung von Dimensionen und Werten mit sich. Die Akropolis der Wolkenkratzer beherrscht die historische Stadt von oben, aus einer kalkulierten Machtposition, die das alte Stadtzentrum an den Rand drängt. Sie beherrscht sie als eine Ikone der Fortschrittlichkeit, als das immens teure ›signierte‹ Werk weltbekannter Architekten. Und schließlich herrscht sie über sie, weil sie nutzlos ist: Denn in keiner Weise entsprechen sie dem tatsächlichen Bedarf eines demographischen Wachstums, den es faktisch nicht gibt; sie dient allein dazu, die Stadt als Werkstatt der Moderne zu verkleiden. Nachfolgend die Einwohnerzahlen von Mailand (Angaben der Stadtverwaltung):

1880	305 488
1920	684 234
1950	1 269 005
1960	1 521 481
1973	1 743 427 (Höchstwert)
1983	1 561 438 (annähernd auf dem Stand von 1960)
2003	1 271 898 (annähernd auf dem Stand von 1955)
2012	1 262 101 (annähernd auf dem Stand von 1949)

Mailand hat folglich gegenüber den Jahren des wirtschaftlichen Aufschwungs und der großen Binnenwanderung in den vergangenen vier Jahrzehnten eine halbe Million Einwohner verloren. Und doch sieht der 2011 vom Gemeindeausschuss unter Letizia Moratti verabschiedete Flächennutzungsplan der Regierung (*piano di governo del territorio*, kurz *pgt*) ein konstantes demographisches Wachstum vor, das 2030 die Zahl von 1 787 637 Einwohnern erreichen soll, im Übrigen nur knapp über dem Wert von 1973. Diese willkürliche Vorhersage ist weit entfernt von einer ernsthaften Prognose der wirtschaftlichen Entwicklung, der natürlichen Bevölkerungsbewegung, der Lebensbedingungen und der Attraktivität des besagten Stadtgebiets. Aber es genügte, um die neue ›Wahlstadt Mailand‹ zu lancieren,

> »inspiriert von David Camerons Konzept der *Big society*, einer großen (Bürger-) Gesellschaft, die sich selbst bestimmt, in der die staatliche oder kommunale Führung zurückgenommen und die Rolle der privaten Akteure auch in sozialen und öffentlichen Bereichen aktiver zu gestalten sein wird.«

So prognostizierte der *pgt* 26 neue Stadtviertel mit einem Bebauungsvolumen von 18 Millionen Kubikmetern Zement auf einer Fläche von 7 Millionen Quadratmetern. Wie der Senator und Kunsthistoriker Giulio Carlo Argan in einer wirkungsvollen Rede vor dem Senat bemerkte (1990), lieben wir in Italien »nicht den Kostenvoranschlag, sondern die, nennen wir es Kosten-Prophezeiung«. Wir haben uns daran gewöhnt.

Man geht also davon aus, dass die pure Existenz gewaltiger Wolkenkratzer Bevölkerung und Wohlstand (wie der Honig die Fliegen) in ein beständig schrumpfendes Mailand ziehen wird, das jedoch dargestellt wird, als ob es an der Schwelle zu einem bedeutenden Bevölkerungsanstieg und wirtschaftlichen Aufschwung stünde. Einen Aufschwung hat es wohl gegeben, allerdings nur für diejenigen, die von der Misswirtschaft und Korruption profitiert haben, die von der Justiz aufgedeckt wurden. Wie in Mailand ist die Typologie des Wolkenkratzers überall in Italien dabei, sich völlig losgelöst von demographischen Projektionen und Raumentwicklungsplänen durchzusetzen. Sie gehorcht der soziokulturellen Notwendigkeit, ein städtisches

Erfolgsmodell zu inszenieren, indem man sich Entwicklungen andernorts anpasst. Aber wohin schaut das Italien der Wolkenkratzer? Nach New York oder Chicago, wo Form und Name der *skyscrapers* vor mehr als hundert Jahren geboren wurden? Oder kopieren wir Chongqing, Abu Dhabi, Singapur und Dubai?

Ist Venedig frei von dieser Mode oder steht es ebenfalls kurz davor, von ihr überrollt zu werden? Sollten Wolkenkratzer eine sich entvölkernde Stadt retten können, eine Lagunenstadt, eine Stadt der Glockentürme und Inseln, der Brücken und Kanäle? Ist dies auch ihr Tor zur ersehnten ›Moderne‹?

›Forma urbis‹ und ästhetische Erlösung

Sollte in Venedig jemals ein Wolkenkratzer entstehen, wird sich jemand finden müssen, der bereit ist, ihn ›schön‹ zu finden. In einer geschichtsreichen Stadt können die Hochhausriesen nicht allein Allheilmittel einer verspäteten Moderne sein: Ein Alibi muss her, das die Aufmerksamkeit von den wirtschaftlichen Beweggründen der Bauspekulation und den hieraus erwachsenden sozialen Problematiken weg- und den Blick hinlenkt auf die ästhetischen, technologischen und ökologischen Aspekte. Die neue Welle von Hochhausgiganten hat denn auch eine Reihe von Varianten gebracht, die je nach Kontext sehr unterschiedlich ausfallen können. Mitunter fügen sie sich in die Skyline von Städten ein, in denen es, wie in New York oder Chicago, bereits eine Fülle ›historischer‹ Wolkenkratzer gibt, oder in Städten wie Chongqing oder Dubai, die unter dem Fanal der Wolkenkratzer-City in den letzten Jahren explodiert sind. Dagegen dringt in anderen Fällen ein Solitär in das historische Gewebe einer Stadt ein, wie die Türme von César Pelli in Sevilla und Santiago de Chile. Die *Torre Cajasol* ist 180 Meter hoch und überragt damit die *Giralda*, den herrlichen (einst als Minarett erbauten) Glockenturm der Kathedrale, um 76 Meter: Dieses *signature building* eines berühmten Architekten ist heute das beste Beispiel dafür, wie jeglicher Unterschied zwischen dem sensiblen Gewebe historischer Städte (wie Sevilla) und relativ neuer Städte

(Santiago de Chile) verwischen kann. In einer weiteren Variante wird das geschichtsträchtige Areal einer Stadt nicht durch einen, sondern mehrere Wolkenkratzer tiefgreifend verändert, wie der Stadtbezirk Cheapside in London, wo die berühmte Kuppel der St. Paul's Cathedral von Christoper Wren (1668–1708) von einem ganzen Wald von Hochhaustürmen unterschiedlichster Form und Materialität geschluckt worden ist – eine Ansammlung von Stilen zur Maximierung der Immobilienrendite auf Kosten der Geschichte. Zuweilen versucht man, die Multiplikation der Wolkenkratzer mit der Notwendigkeit zu begründen, die Bevölkerung auf engem Raum zu konzentrieren, so in Hongkong, wo die Einwohnerdichte mit 95 000 Personen je Quadratkilometer fast um das Fünfzigfache höher ist als in Rom. In wieder anderen Fällen ist auf die Typologie des Wolkenkratzers zurückgegriffen worden, um im Wettbewerb mit ihrem Ursprungsland, den Vereinigten Staaten, die eigene Fortschrittlichkeit zu dokumentieren. So geschehen mit den sieben Stalin-Hochhäusern in Moskau, entstanden unter dem Einfluss des Kalten Krieges, mit den Wolkenkratzerbauten im faschistischen Italien und im Spanien unter Franco beziehungsweise im heutigen China oder in den Emiraten am Persischen Golf.

Die Verdichtung und Vertikalisierung der Städte setzt sich also immer mehr durch, so als wäre sie die einzig mögliche Stadtform der Zukunft. Drei konvergierende Kräfte wirken sich dabei aus: die Konzentration der Arbeitskraft und die damit verbundenen Mechanismen sozialer Kontrolle; das Spekulationsgeschäft mit bebaubarem Land, das auf maximale Ausnutzung des Bebauungspotentials zielt; und schließlich die Entwicklung immer komplexerer Technologien und der Wunsch, den Erfolg zur Schau zu stellen, indem man immer noch höhere Gebäude errichtet. Die Zerstörung der Zwillingstürme von New York am 11. September 2001 markiert eine bedeutende Etappe auf diesem Weg, weil einerseits das von den Terroristen ausgewählte Zielobjekt die amerikanische Wirtschaft emblematisch verkörperte, aber auch weil ihr Sturz die Form des Wolkenkratzers als bedeutendste Ikone von Fortschritt und Erfolg mit unbändiger Kraft neu lanciert hat. So übersetzt sich die schwindelerregende Beschleunigung der technologischen Entwicklung mittlerweile in einen Wettstreit um den höchsten Wolkenkratzer der Welt, dessen Achse sich von den Vereinigten Staaten nach Asien und in die Arabische Welt verschoben hat (bei den Höhenangaben sind Antennenmasten und Spitztürme nicht einbezogen):

1870	New York	Equitable Life Building	43 m
1889	Chicago	Auditorium Building	82
1901	Philadelphia	City Hall	156
1931	New York	Empire State Building	381
1972	New York	Twin Towers	417
1974	Chicago	Willis Tower	442
1998	Kuala Lumpur	Petronas Towers	452
2004	Taipeh	Taipei 101	459
2008	Shanghai	Financial Center	487
2010	Mecca	Abraj Al Bait	601
2010	Dubai	Burj Khalifa	828
2018	Dschidda	Kingdom Tower	1007

Weitere im Bau befindliche Wolkenkratzer (Auswahl):

China	Shenzhen	Ping'an Finance Center	660
	Wuhan	Greenland Center	636
	Shanghai	Shanghai Tower	632
Südkorea	Seoul	World Premium Tower	555
	Busan	Busan Tower	510
	Songdo	Incheon Tower	487
Indien	Mumbai	India Tower	720
USA	New York	One World Trade Center (auf Ground Zero)	541
Russland	Moskau	Federation Tower	509
Nordkorea	Pyöngyang	Ryugyong Hotel	330

Die Namen einiger dieser Hochhaustürme zeugen von dem Wunsch, eine *landmark* zu schaffen, die das Land (India Tower) beziehungsweise seine Regierungsform (Kingdom Tower) ausweist. Die Geschwindigkeit, mit der Wolkenkratzer errichtet werden, nimmt dabei weiter zu: 2005 wurden 32 Gebäude über 200 Meter errichtet, 2011 waren es 88. Anlässlich der Verleihung des für Wolkenkratzer ausgelobten Architekturpreises *Emporis Skyscraper Award* hat ein Expertengremium 2012 über

300 Wolkenkratzer examiniert, die im vorangegangenen Kalenderjahr fertiggestellt wurden, und den Preis (der im Jahr 2000 ausgelobt wurde) den *Absolute World Towers* im kanadischen Mississauga bei Toronto zugesprochen.

Der Wettlauf um den höchsten Wolkenkratzer der Welt steht erst am Anfang. Eingeläutet wurde er 1956 von Frank Lloyd Wright, der in Chicago einen Wolkenkratzer plante, der eine Meile hoch sein sollte, den *One-Mile-High Scyscraper,* der *The Illinois* heißen sollte. Der *Kingdom Tower* von Dschidda (Saudi-Arabien) greift dieses Projekt wieder auf, auch er sollte ursprünglich eine Meile in den Himmel wachsen, bevor die Höhe auf einen Kilometer ›heruntergeschraubt‹ wurde. Derselbe Wright war es aber auch, der in seinem Buch *The Disappearing City* (1932) mit der *Broadacre City* eine neue urbane Form erdachte, eine ›horizontale‹ Stadt aus Einfamilienhäusern, errichtet auf Grundstücken von jeweils einem *acre* (circa 4000 m) Ackerland. Die runde Zahl (eine Meile, ein Kilometer) ist von signalwirksamer und rhetorischer Bedeutung: In der Länge nimmt sie im *Corviale* in Rom Gestalt an, dem »zweitlängsten Hochhaus Europas« (ein Kilometer), gewinnt aber, auf die Höhe angewendet, eine ganz andere Dimension, sie impliziert den Stolz, jedes Hindernis überwinden zu können, und zeigt ein Limit auf, das es herauszufordern gilt. Und so sind tatsächlich weitere Türme von einem Kilometer Höhe in Planung: in Kuwait (*Burji Mubarak al Kabir,* 1001 Meter hoch als Anspielung auf ›Tausend und eine Nacht‹), wie auch in Dubai, Miami, Tokyo; in Shanghai soll der *Bionic Tower* 1228 Meter erreichen; den Entwurf für den *Millennium Challenge Tower* mit einer geplanten Höhe von einer nautischen Meile (1852 Meter) hat ein italienischer Architekt mit möglichem Standort in Kuwait vorgeschlagen. Müssen wir also im Namen einer selbstreferenziellen Wettbewerbsfähigkeit zwei, drei, vier kilometer- oder gar meilenhohe Wolkenkratzer bauen?

William N. Goetzmann und Frank Newman haben gezeigt (in einem *Working Paper* des National Bureau of Economic Research of Cambridge, Mass., 2010), dass die Skyline von New York »sehr viel mehr als eine architektonische Bewegung repräsentiert; sie ist zum größten Teil vielmehr die Manifestation eines verbreiteten Finanzphänomens«; sie spiegelt Börsenspekulationen wider, die Investitionen ins Baugewerbe verschoben hatten, ohne zu berücksichtigen, dass »der Optimismus der Märkte die Macht hat, Gebäude zu errichten, aber nicht garantieren kann, dass die Investition sich auszahlt«. (Und tatsächlich stehen die Hochhaustürme oft über viele Jahre leer. Als abschreckendes Beispiel gilt die nicht vollendete *Torre de David* in Caracas, die mit ihren 45 Stockwerken ursprünglich ein Finanzzentrum beherbergen sollte, dann von 3000 Obdachlosen besetzt wurde und als »höchster Slum der Welt« in die Geschichte einging.) Es kommt nicht von ungefähr, wenn das Histogramm der zwischen 1890 und 2010 in New York errichteten Wolkenkratzer an die Skyline einer Stadt erinnert:

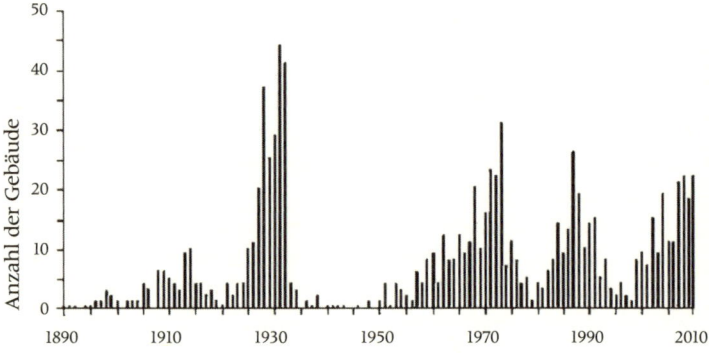

Der Wolkenkratzer ist Fetisch des Kapitalismus, auch in seiner chinesischen Variante. Er ist heute allerorts – und unabhängig vom Kontext – reproduzierbar das architektonische Gesicht eines schrankenlosen Neoliberalismus, die Projektion (nicht nur im metaphorischen Sinn) einer durch den Markt beherrschten Gesellschaft. Geld durch Geld zu erzeugen und nicht durch die Produktion von Gütern, die Konzentration von Kapital in einigen wenigen Händen, die sich Demokratie und Gesetz entziehen, das ist das zentrale Dogma des Neoliberalismus. Dem entspricht der Wachstumswettlauf der Wolkenkratzer als perfektes Symbol für die Ungleichheit zwischen demjenigen, der sie erbaut und besitzt (mit den Worten der *Occupy-Wall-Street*-Bewegung lediglich »ein Prozent«), und denen, die in ihnen wohnen und arbeiten (»wir sind die 99 Prozent«).

Die wirtschaftlichen Hintergründe und gesellschaftlichen Folgen der Neoarchitektur der Wolkenkratzer werden systematisch ausgeblendet und verschleiert, so als würde das neue urbane Modell unangreifbaren Naturgesetzen gehorchen. Der grundlegendsten aller Fragen, nämlich ob es sich besser in einer ›horizontalen‹ oder einer ›vertikalen‹ Stadt leben lässt, wird geschickt aus dem Weg gegangen, indem einmal das abgedroschene Klischee von der Wettbewerbsfähigkeit, dann wieder die instrumentalisierte Hoffnung auf ästhetische und technologische Erlösung in Anspruch genommen wird, angefangen bei der Erschaffung von Strukturen und Profillinien, die nicht nur aufgrund der Höhe, sondern auch wegen ihrer Optik alle Gesetze der Statik herauszufordern scheinen. Der erste der beiden Türme von Mississauga (180 Meter) schraubt sich auf einem ellipsenförmigen Grundriss 56 Geschosse in den Himmel, mit einer Drehung, die die Etagen von einem Stockwerk zum nächsten jeweils um einige Grad verschiebt (an der Spitze wird im Verhältnis zur Basis eine Rotation von 209° erreicht). Wegen ihrer geschwungenen Formen (im Entwurf als *voluptuous* bezeichnet) werden diese Wolkenkratzer auch *Marilyn Monroe Towers* genannt. Aber schon 1995 hatte Santiago Calatrava im schwedischen Malmö seinen *Turning Torso* konzipiert, fünf pentagonale, übereinandergesetzte Kuben, die jeweils um wenige Grad gegeneinander gedreht sind (insgesamt 54 Stockwerke mit Wohnungen und Büros). In Schweden wie in Kanada wird die Unmenschlichkeit des Wolkenkratzers abgemildert, indem man seine Gestalt jener des menschlichen Körpers annähert.

Wolkenkratzer wie die *Pelli-Türme* in Santiago de Chile und Sevilla werden häufig als riesenhafte phallische Symbole definiert. Diese weitverbreitete Metapher vermittelt eine Vorstellung von Architektur als Kontrolle, Unterdrückung und Machtdemonstration – der männlich-dominante Wolkenkratzer, die zur Unterwerfung gezwungene weibliche Stadt. Die Rhetorik der Höhe, die den Wettbewerbseifer der Finanzmärkte in Architektur und Stadt hineinträgt, ist von solcher Bedeutung, dass auch im Pulk stehende Hochhäuser als Landmarken nicht ausreichen, wenn nicht einer von ihnen die anderen überragt. So heißt es werbewirksam in den Pressemitteilungen der Bauherren und Architekturstudios: »the new skyscraper dwarfs the buildings around it« – nicht nur in den Schatten gestellt, als Zwerge sollen die umliegenden Gebäude erscheinen; noch eine Allusion auf den menschlichen Körper, die in der Alltagssprache eine autoritäre Auffassung von Architektur verankert, in der Hohes über Niedriges, Reiche über Arme, das Neue über das Alte siegt.

Ästhetik, Technologie und Ökologie stellen einen Begriffsapparat bereit, der die Höhenbauarchitektur werbewirksam vermarktet. Im Crescendo einer »dynamischen Architektur« werden überall auf der Welt gekrümmte, verbogene, schiefe Turmriesen gebaut und geplant, die von einem Moment zum nächsten einzustürzen drohen; Wolkenkratzer, die vegetabile Formen, Muscheln, riesige Tentakel imitieren, spitze Stacheln, die in die Wolken stoßen, gewaltige gläserne Flammen, Segel unmöglicher Schiffe, Konglomerate von Kugeln, Kuben und Wolken, gigantische Messerschneiden. Die Fassaden des *Aqua Tower* in Chicago (82 Stockwerke, 262 Meter hoch) ahmen mit wellenförmig gewölbten Balkons eine vertikal aufragende Wasseroberfläche nach. Wie im Fall der Museumsbauten (markantestes Beispiel das Guggenheim von Frank Gehry in Bilbao) wird die Architektur als eine aus der Ferne zu betrachtende begehbare Riesenskulptur konzipiert (James Hall hat hierfür den Begriff der scul-chitecture geprägt), die in ihrer eigentümlichen Form zu einem ikonischen Symbol des Ortes und einem *signature piece* des Architekten wird. Auch drei neue Wolkenkratzer in Mailand (im Volksmund ›lo Smilzo‹, ›il Curvo‹ und ›il Gobbo‹ – der Hagere, der Krumme und der Bucklige) folgen diesem Konzept und arbeiten mit Metaphern, die vom menschlichen Körper inspiriert sind.

Wo der Wolkenkratzer selbst zur vertikalen, ›totalen‹ Stadt mit Tausenden Einwohnern wird, teilt er sich meist in unterschiedliche funktionale Zonen, ganze ›Viertel‹ mit Bereichen für Unterhaltung, Restaurants und Geschäften, Wohnungen und Büros, U-Bahn-gleiche Aufzüge, baumbestandene Platzanlagen, Gärten und Grünflächen, alles unter der Devise, durch intensive Nutzung neuer Technologien ›saubere‹ Energie zu erzeugen. Ganz zu schweigen davon, dass die Bewohner der oberen Stockwerke »gesündere Luft atmen«, wie entsprechende Slogans verkünden, um die Luftverschmutzung müssen sie sich nicht scheren, weil sie sich (wenn sie genug zahlen) fast wie in den Bergen fühlen dürfen. Das Alibi vom ökologisch nachhaltigen Bauen ist eine der treibenden Kräfte in der Verbreitung des Wolkenkratzers, propagiert werden nunmehr Öko-Türme und Bio-Wolkenkratzer. In diesem Geist sind in Japan zwei vertikale Städte gigantischen Ausmaßes in Planung: der *Holonic Tower* und die ein Kilometer hohe *Sky City*, die für 36 000 Bewohner und 100 000 pendelnde Arbeitnehmer Platz bieten soll. Zwischen diesen zu Clustern zusammengefassten Gebäuden sollen Grünanlagen entstehen, die den sonntäglichen Ausflug ins Grüne ersetzen. Und mit *urban forest* wird ein und dasselbe Sprachbild bedient, um sowohl das Heer von Wolkenkratzern in neuen Megastädten wie Chongqing zu bezeichnen als auch die Wälder und Gärten, die in einer nur aus Hochhaustürmen bestehenden Stadt diese voneinander trennen.

Die Anlehnung an organische Formen, die Körpermetaphern, die beschworenen ökologischen Vorteile, hängende Gärten, Bildung von ›Marktflecken‹ und ›Stadtvierteln‹, all dies weist in dieselbe Richtung: die ästhetische Erlösung der Form des Wolkenkratzers. Funktionen, Namen, Strukturen, Umrisslinien werden manipuliert, um sich reinzuwaschen von der Gewalt, die nicht nur der Natur, sondern auch der Kultur der Stadt angetan wird. Gigantische Baukörper, dazu bestimmt, Zehntausende Menschen aufzunehmen, bekommen Spitznamen aufgedrückt, die sie harmlos und vertraut erscheinen lassen, sogar sinnlich und einladend, jedenfalls aber wie harmlose Weggefährten. Der notwendige finanzielle Hintergrund und die Lebensumstände der Bewohner werden im Namen einer abstrakten Modernität ausgeblendet, die sich mit Fragen der Gleichheit, der Demokratie und des ›guten Lebens‹ nicht auseinandersetzen mag.

Aus diesem Rennen im Zeichen der Gigantomanie hat Italien sich lange Zeit herausgehalten. Mittlerweile scheint es sich aber einer aussichtslosen Aufholjagd verschrieben zu haben, in diesem typisch provinziellen Wahn, immer aktuell sein zu wollen (»dieses bürgerliche Drängen«, würde Gadda sagen), der im Wolkenkratzer den Schlüssel zur modernen Welt sieht, den Befreiungsschlag eines Landes, in dem es (so sagt man uns) »viel zu wenig zeitgenössische Architektur gibt«. Vergessen wir einmal, dass Italien in den vergangenen sechzig Jahren nur allzu viel neue Architektur gesehen hat. Die trostlosen Peripherien, die uns belagern, Ergebnis einer blinden und korrupten Politik, dazu ein grausiger Geschmacksverfall nicht nur der Architekten und Ingenieure, sondern eines ganzen Landes, das zu anderen Zeiten höchst kreative Architektur zu entwerfen und exportieren in der Lage war. Nicht die Wolkenkratzer werden »die Peripherien flicken« können (so die schlagkräftige Losung eines Renzo Piano), sondern, wenn wir das wollen, die Rekonstruktion eines Lebensgewebes, in dem Stadt und Stadtzugehörigkeit wieder ins Verhältnis zueinander gerückt werden. Der Run auf den Wolkenkratzer entwertet und entthront die historische Stadt und weicht den Fokus in unserem Verstand auf, zwingt die ›unsichtbare Stadt‹ in uns zu immer neuen Metastasen. Noch bevor der erste Wolkenkratzer gebaut ist, noch bevor er geplant und ersonnen wird, zersetzt die Idee der vertikalen Stadt als Inbegriff von Modernität, verinnerlicht und als selbstverständlich vorausgesetzt, die alte *forma urbis*, die zum Relikt einer Vergangenheit degradiert wird, die besiegt werden muss, indem man über sie hinausragt. Von oben herabschauen auf Sankt Peter und die *Mole Antonelliana*, auf Kathedralen und Glockentürme, auf »die Mauern [...], die Bogen, Säulen, Bildnisse, die leeren Thürme der Väterzeit« (Leopardi). Auch in Venedig.

Wenn es Modernität nicht ohne Wolkenkratzer gibt, wird auch Venedig sich über kurz oder lang ans Aufholen machen, sich ›anpassen‹ müssen. Dieser Gedanke muss wohl auch das Projekt *Aqualta 2060* beflügelt haben, das von dem belgischen Architekten Julien De Smedt und seinem Architekturbüro (JDS, Brüssel, Kopenhagen und Shanghai) auf der Biennale 2010 vorgeschlagen wurde. Um Venedig vor dem Hochwasser zu schützen, so die Idee, gäbe es nichts Besseres, als es mit einem »Kranz von Wolkenkratzern zu umgeben, erbaut auf künstlichen Inseln, die die Stadt wie ein Ring umschließen, sie vor den Gezeiten schützen, sie mit Venezianern wiederbevölkern«. Auf der Internetseite liest man dazu:

> »Wenn wir in eine gar nicht mehr so ferne Zukunft blicken, können wir uns über paar Dinge sicher sein: Die Meeresspiegel werden ansteigen und die globale Erwärmung zu einer Veränderung der klimatischen Verhältnisse führen. *Aqualta*

ist der Versuch, dieses Szenario zu beschreiben: Wie lässt sich Venedig vor dem Meer schützen? Wie wäre es, wenn wir darüber nachdenken würden, eine neue Begrenzung zu errichten, eine lineare Stadt, die sich aus dem Wasser rings um Venedig erhebt? Ein neuer Rahmen und eine neue Perspektive auf Venedig, um die historische Stadt zu erhalten und sich an ihr zu erfreuen. Wie sieht diese Stadt aus? Wir denken an eine lange bebaute Küstenlinie (eine *waterfront*) vor Venedig; und sollte das Klima wirklich noch heißer werden, warum kein italienisches Copacabana vor Augen haben, einen langen Strand, überzogen von tropischer Vegetation? Die Vision einer Vision: Das alte Venedig blickt auf den Strand von Ipanema, während sich der neuen Stadt von ihren Häusern und Stränden als grandiose Kulisse ein unbekanntes Venedig darbietet!«

Provokation oder Prophezeiung? Dieser Text hat, einmal abgesehen von den darin verfolgten Absichten, zwei bedeutende Implikationen: Auf der einen Seite wird Venedig aus seinem geschichtlichen und geographischen Kontext herausgerissen und an andere Breitengrade projiziert, indem man es (so scherzhaft es gemeint ist) als neue mondäne Peripherie von Rio de Janeiro handelt. Auf der anderen Seite wird es als eine Stadt verstanden, die nicht zum Leben gedacht ist, sondern als Objekt der Betrachtung aus der Ferne. Mehr eine Vedute (ein Bild, eine Postkarte, ein Werbespot) als das Zuhause einer lebendigen Gemeinschaft von Männern und Frauen. Wie es scheint, muss die Altstadt, um den Ausblick auf sie genießen zu können, zur »grandiosen Kulisse« umdefiniert werden, zum Nutzen derer, die so weit wie möglich entfernt in den Wolkenkratzern wohnen und dem alten Stadtzentrum vielleicht gönnerhaft den ein oder anderen Sonntagsausflug abstatten. Die Venezianer, die in der Altstadt wohnen blieben, wären dann wie Fische im Aquarium, die man mit dem Fernglas aus den Höhen der Wolkenkratzer betrachten könnte. Warum sie nicht gleich dazu verpflichten, per Reglement Perücke und Reifrock zu tragen, wie Spukgestalten oder Komparsen in einem Themenpark? Wie bei einer Seuche, einem Krieg, einem Erdbeben wird es immer jemanden geben, der auf der Welle der Katastrophe reitet und Vorteile aus ihr zieht. Am Ende kann auch die Klimaerwärmung zur *felix culpa* werden, zumindest für diejenigen, denen die Vorstellung gefällt, ein Venedig der Wolkenkratzer zu errichten, wo die Besucher der Copacabana sich heimisch fühlen können, wie in diesem *Venice* 2.0 aus dem Studio JDS (geleitet wurde das Projekt allerdings von einem Italiener, der sein Architekturstudium in Venedig abgeschlossen hat).

In dieser und anderen Metamorphosen Venedigs ist, wie ein pausenlos wummernder Bass, eine paradoxe Konstante am Werk: Die Einzigartigkeit der Stadt lässt sie zum Dorn im Auge einer Moderne aus zweiter Hand werden, bestes Beispiel einer überholten, nicht tolerierbaren *forma urbis*, eine Provokation, die nach Erwiderung schreit, die Venedig jeder beliebigen anderen Stadt gleichmachen will. Aus diesem Grund ist es ein bevorzugtes Feld für (bislang) theoretische Experimente wie dieses, die seine Geschichte und Seele entweihen und dabei so tun, als würden sie einer sterbenden Stadt wieder Leben einhauchen, wie ein Arzt, der dem Kranken selbstlos zur Hilfe eilt, ihm dann aber ein tödliches Mittel verabreicht. Wir müssen uns deshalb fragen: Kann Venedigs Einzigartigkeit (hier und nur hier wird das gedämpfte Geräusch der Schritte nicht vom Rauschen des Verkehrs absorbiert, umspült das Wasser der Kanäle die Fundamente, findet man die von Ruskin erforschten »Steine von Venedig«), kann diese Einzigartigkeit noch ein wirksames Gegengift gegen die Monokultur der Wolkenkratzer sein?

Was Venedig wert ist

Wie hoch wäre der Marktpreis Venedigs, stünde es zum Verkauf? Eine Frage wie diese, sei sie nun dumm oder grotesk, ist in Italien heute durchaus an der Tagesordnung, und nicht nur in Venedig. Im Zuge der Umsetzung des 2010 verabschiedeten Dekrets Nr. 85 und eines von Calderoli, Berlusconi und anderen Vätern des Landes (Tremonti, Bossi, Maroni, Brunetta, Fitto) unterzeichneten Gesetzes zur sogenannten »Föderalisierung von Staatsbesitz« hat man im offiziellen Amtsblatt, der *Gazzetta Ufficiale della Repubblica Italiana*, und auf der Internetseite der

Staatlichen Immobilienagentur unverzüglich und ungeniert damit begonnen, ellenlange Listen von Immobilien und Grundstücken aus öffentlicher Hand mitsamt zugehörigem Preisschild zu verbreiten. Die Aufstellung der Immobilien aus Staatsbesitz vom 9. Dezember 2010 führt 75 Objekte allein in der Gemeinde Venedig an:

Insel La Certosa	28 854 000
Küstenbatterie ›Daniele Manin‹	3 885 276
Morosini-Festung am Lido	1 936 340
Kaserne der Kavallerie	1 719 864
Staatsarchiv, Campo San Bartolomeo	1 198 702
Städtisches Gebäude, Sestiere von Santa Croce	900 000
Ehemalige Casa del Fascio	461 740

Beim Durchblättern der 536 Seiten dieser Aufstellung kann man sich einer gewissen Verblüffung nicht erwehren (ein zweites Verzeichnis, veröffentlicht am 13. Mai 2011, weitet die Liste auf 720 Seiten aus). Wir erfahren, dass der Monte Cristallo in der Gemeinde Cortina d'Ampezzo exakt 1 474 262, 92 Euro wert ist, und keinen Cent mehr; das humanistische Gymnasium *Niccolò Machiavelli* in Lucca 1 417 702 Euro; der Sitz des Staatsbauamts von Neapel 14 978 541 Euro; und in diesem Stil geht es weiter. Durch das Calderoli-Gesetz werden Staatsgüter, die im Besitz aller Italiener waren, nun den einzelnen Regionen und Lokalverwaltungen übertragen und alle anderen übervorteilt. Wir sind also, passend zur Formulierung des Historikers und Journalisten Ernesto Galli della Loggia, auf dem besten Wege und unter Missachtung der Verfassung, ›Italiener ohne Italien‹ zu werden. Vorbote dieser Politik in Venedig ist der kürzlich doch gescheiterte Versuch, die Insel Poveglia zu versteigern, und dies trotz eines Angebots von einem Unternehmer (513 000 Euro) und der Initiative eines Vereins, der Geld gesammelt hatte, um die Insel im Besitz der Venezianer zu halten.

Man wird einwenden, dass es sich bei den lächerlichen Summen, von denen hier die Rede ist, um virtuelle Schätzungen handelt, die zu dem Zeitpunkt, als die Güter der staatlichen Domänen an die Gemeinden übertragen wurden, ihren reinen Inventarwert festsetzen sollten. Dem ist nicht so. Einmal an die

Gemeinden übertragen, wird der bei Weitem größte Teil dieser öffentlichen Güter faktisch verkäuflich oder frei für verschiedene Formen der Privatisierung. Dasselbe Gesetz sieht nämlich die Möglichkeit vor, diese öffentlichen Güter unentgeltlich in private Immobilienfonds zu überführen. Die Gemeinden sind darüber hinaus gefordert, alle Kräfte zu mobilisieren, um die in ihrem Besitz befindlichen Güter zu veräußern, zumal sie verpflichtet sind, im Anhang zu ihrem jährlich vorgelegten Haushaltsplan einen ›Vorschlag zum Verkauf von Immobilien‹ zu formulieren. Paolo Maddalena, ehemals Richter am italienischen Verfassungsgericht, hat somit zu Recht darauf hingewiesen, dass:

> »der Verstand unseres Gesetzgebers durch jene Theorien vernebelt wurde, die Geld und die Zählung des Geldes als Wert an sich ansehen und gegenüber dem Schicksal der Individuen, Institutionen und Völker gleichgültig bleiben. [...] Es handelt sich um gesetzgeberische Maßnahmen von außergewöhnlicher Tragweite, die der Verfassung in Geist und Buchstaben widersprechen«

und auf einen Schlag ganze neun Artikel verletzen (*Il territorio bene comune degli italiani*, 2014).

Diese auf den Cent genau kalkulierten Preise machen aus Italien einen gigantischen Immobilien-Supermarkt, durch den jeder, der es sich leisten kann, seinen geräumigen Einkaufswagen schiebt und kauffreudig Gebäude, Grundstücke und ganze Landstriche hineinlädt. Eine derartige Regression, die sich vor unseren Augen und mit Billigung der Institutionen abspielt, können wir nicht einfach mit einem müden Lächeln oder Schulterzucken abtun. Der Umstand, dass der Wirtschaftsminister und die Domänenverwaltung, deren institutionelle Pflicht die Erhaltung staatlicher Besitztümer und allgemeiner Güter ist, jedem Berg, jeder Schule, jeder Kaserne ein Preisschild aufkleben dürfen, ist keinesfalls ein neutraler, zufälliger oder gar harmloser Akt. Man muss es vielmehr als einen Beitrag zur – seit mindestens zwei Jahrzehnten – fortschreitenden Aushöhlung des Staates ansehen, dass dieselben Institutionen, die ihm vorstehen, ihn nun ungestraft verraten und von Bewahrern des Allgemeinguts zu Fahnenträgern privater Interessen mutieren. Vielleicht wird man den Monte Cristallo oder die Insel Certosa nie verkaufen, weil sie zu viel kosten und zu wenig einbringen. Der Grund wird jedoch nicht sein, dass sie allen Bürgern gehören. Schon allein das Etikettieren mit einem Verkaufspreis, der dann unter freudigem Geläut auf einer Internetseite angeschlagen wird, reißt die Schranken ein zwischen unveräußerlichem Gemeingut (unverzichtbares Attribut der Volkssouveränität) und verkäuflichem Eigentum, und tritt das Gemeinwohl, die Geschichte und die Verfassung mit Füßen.

Aber die Gewohnheit, alles und jedes mit einem Preis zu versehen, macht damit noch nicht halt. Erst vor kurzem hat die ›Financial Times‹ und dann alle italienischen Tageszeitungen die Nachricht verbreitet, der italienische Rechnungshof habe Klage gegen die Ratingagentur *Standard & Poor's* eingereicht, weil sie die Kreditwürdigkeit Italiens falsch eingeschätzt habe, nämlich ohne Berücksichtigung seines kulturellen Erbes.

»Wie viel sind die *Göttliche Komödie*, *La dolce vita* oder Michelangelos Sixtinische Kapelle im Rahmen von Staatshaushalt und *Spread* nun wert? Wie hoch hat man in einer Bewertung Italiens das immense, sich über Jahrtausende angehäufte historische, künstlerische und literarische Erbe anzusetzen? Nach Ansicht des Rechnungshofs ist dieser Reichtum auf jeden Fall zu berücksichtigen, wenn die Kreditwürdigkeit eines Staates bewertet wird« (›Corriere della Sera‹, 5. Februar 2014).

Daraus resultierte die an *Standard & Poor's* gerichtete Forderung von 234 Milliarden Euro Schadensersatz. Sollte diese Summe dem Gesamtmarktwert Italiens und seines Kulturerbes entsprechen? Zählt jeder Quadratzentimeter Landschaft dazu, jede Kathedrale, jedes Wort der italienischen Sprache, jede Note von Monteverdi und Puccini, jedes Bild in den Uffizien, jeder Ausblick auf die Alpen, jede Ariost'sche Oktave, jeder Film von Antonioni? Gehören auch die Bürger des Landes dazu, weil sie – sozusagen als Mindestanforderung – italienisch sprechen?

Es kommt hier nicht darauf an, diese bizarre Nachricht aus der Tagespresse weiterzuverfolgen, die Dementi und Gegendementi, die Kommentare und das Vergessen, dem alles, wie immer, so rasch anheimgefallen ist. Worauf es hingegen ankommt, ist die Tatsache, dass diese Art der Berechnung ernst genommen wurde. In einem Interview mit der ›Repubblica‹ am 6. Februar 2014 hegt der Ökonom Paolo Leon keinen Zweifel: »Den Wert des Kolosseums zu errechnen ist ganz einfach, das ist schon gemacht worden. Schwieriger ist es, Dante Alighieri zu bewerten«, weil »die Ratingagenturen sich für den Marktwert der Nutzung eines Gutes interessieren«. Als Beispiel führt er die Stadtmauer von Ferrara an:

> »Wir haben berechnet, wie viel Raum diese Mauern einer möglichen Ausdehnung der Stadt an genau dieser Stelle genommen haben: der Ausfall von Einnahmen, sagen wir durch Immobilienspekulation, entspricht dem über die Jahrhunderte indizierten Wert dieser Mauern, auch unter Berücksichtigung der ureigenen Schönheit, und macht die Bedeutung des Mauerrings für Ferrara deutlich und weshalb dieser bestmöglich erhalten werden sollte.«

Wir wollen diesen Gedanken wörtlich nehmen, schließlich steht er schwarz auf weiß in einer bedeutenden Tageszeitung unseres Landes. Hieraus ließe sich ableiten, dass die Zweckmäßigkeit (oder auch nicht) des Kulturschutzes an den Verkaufswert der Grundstücke gebunden ist, und zwar unabhängig von den Gebäuden, die darauf stehen, zuzüglich der »ureigenen Schönheit« der Monumente selbst. Nichts dergleichen hatten die Mitglieder der verfassungsgebenden Versammlung im Sinn, als sie den aktuellen Artikel 9 der italienischen Verfassung lange und ausführlich diskutierten und schließlich verabschiedeten:

> »Die Republik fördert die Entwicklung der Kultur und die wissenschaftliche und technische Forschung. Sie schützt die Landschaft und den historischen und künstlerischen Reichtum der Nation.«

Die Stadtmauer von Ferrara (und somit auch jene von Lucca, genau wie die öffentlichen Plätze von Turin, Florenz oder Palermo) hat, wie es scheint, »einer möglichen Ausdehnung der Stadt an genau dieser Stelle [Raum] genommen«. Mit anderen Worten: Die natürliche Nutzung jedes beliebigen Grund und Bodens ist die Bauspekulation, die *heute* oder *morgen* Geld erbringen kann, nicht aber die Existenz von zwar durchaus wertvollen, aber *gestern* errichteten Gebäuden, die der Grundstücksrendite »Raum genommen haben« (– und wenn dieses Areal in Ferrara gerade deshalb so wertvoll wäre, weil es in der Nähe der Stadtmauern liegt?). Daraus muss man schließen, dass beispielsweise in Venedig der Geldwert von *San Marco* ausgehend von den Flächenabmessungen der Basilika zu kalkulieren wäre, die an dieser Stelle dem Bau eines Wohnblocks im Wege steht. In Rom ist das Kolosseum so viel wert wie das Grundstück, auf dem es steht, falls wir darauf einen Wolkenkratzer errichten würden. Und der Wert der Ausgrabungsstätte von Pompeji würde sich am Wert dieses Areals bemessen, würde man die Ruinen abräumen und es Unternehmern und der Camorra zur Verfügung stellen, damit sie ein Wohnviertel nach dem anderen darauf errichten können. Daraus leitet sich folglich ab, »was Venedig wert« ist: Nämlich so viel, wie das Insel-Labyrinth, auf dem es erbaut ist, wert wäre, wenn Bauspekulanten frei darüber verfügen könnten. Kann man eine solche Berechnung überhaupt anstellen? Ja, man kann, und vielleicht hat es schon jemand getan, so besessen wie wir sind, allem einen Preis zu geben; so unfähig, zu begreifen, dass es unter dem Firmament auch nicht quantifizierbare Werte, unbezahlbare Dinge gibt; dass es nicht nur die Stadt der Mauern, Häuser und Kirchen gibt, sondern eine unsichtbare Stadt, eine, die auf eben jene Mauern, Häuser und Kirchen (in Venedig auch noch Brücken und Wasserstraßen) nicht verzichten kann.

Ist es tatsächlich möglich, ratsam, löblich, im selben Einkaufswagen das Kolosseum und Tintoretto, *La dolce vita* und Machiavelli, Bernini und die *Traviata* zu stapeln? Man hat ja ein Recht darauf, von dem, der die Rechnung stellt, eine detaillierte Aufschlüsselung der Kosten zu verlangen. Zunächst einmal: Die Sixtinische Kapelle wäre nicht dabei. Wenn überhaupt, wird man sie zur Berechnung der Kreditwürdigkeit des Vatikanstaates heranziehen können. Um aber auf Italien zurückzukommen: Wie viel ist Caravaggio wert, und zwar nicht nur ein einzelnes Werk von ihm? Wie sieht es bei Dante und Petrarca mit der Preisfindung aus? Und das Römische Reich, wo rangiert das? Ganz zu schweigen von anderen Errungenschaften italienischer

Kreativität, vom Sonett hin zum Klavier, von der lyrischen Oper zum Papsttum (wäre hier auch die Mafia zu nennen?). Und Galileo Galilei, Alessandro Volta, der Erfinder der Batterie, und Guglielmo Marconi? Welcher wäre wohl der ›Marktwert‹, übertragen auf Kulturgüter wie die *Aeneis* und das *Dekameron*? Wir sind so sehr daran gewöhnt, jeden Wert monetär anzugeben, wie ein Mantra die dümmliche Formel zu wiederholen, das kulturelle Erbe sei das Erdöl Italiens, das man ausbeuten kann, um Kasse zu machen, ohne den künftigen Generationen etwas übrigzulassen. Doch unser kulturelles Erbe ist kein Erdöl, es ist die Luft, die wir atmen, das Blut in unseren Adern, der Stoff, aus dem wir gemacht sind. Und für die Gemeinschaft der Bürger, die in Artikel 9 der Verfassung ›Nation‹ genannt wird, ist es das, was Erinnerung und Seele für jeden Bürger sind. Es gibt keinen Preis, der hier zu überzeugen vermag, die 234 Milliarden von *Standard & Poor's* reichen nicht für einen Vers von Dante (oder Homer oder Shakespeare), nicht für eine Note von Rossini oder einen Pinselstrich von Raffael. Denn was zählt, an jedem Vers von Dante, ist die Beziehung, zu der er nicht nur mit all den anderen im außerordentlichen Gefüge der *Göttlichen Komödie* steht, sondern zur Geschichte und den Mauern von Florenz, der Toskana, von Italien, von Europa, will heißen: zu uns heute. Und diesem Beziehungsgeflecht wird keine Börse je einen Preis aufdrücken können, der nicht schamlose Lüge wäre.

Den Schätzwerten der improvisierten Preismacher stellen wir, wenn überhaupt, die sehr viel seriöseren Überlegungen derjenigen gegenüber, die nachdenken über die Werte des kulturellen Erbes. Dazu genügt ein Blick über die Alpen nach Frankreich. Der Bericht *L'économie de l'immatériel* sieht in den immateriellen (preislich nicht erfassbaren) Werten das Fundament für das Wachstum von morgen. Auf der Titelseite liest man dort: »es gibt einen unerschöpflichen Reichtum, eine Quelle der Entwicklung und des Wohlstands: das Talent und die Leidenschaft der Frauen und Männer«. Talent und Leidenschaft entfacht und genährt vom kulturellen Gedächtnis. Der Bericht, unterzeichnet von den beiden Ökonomen Maurice Lévi und Jean-Pierre Jouyet, wurde 2006 vom Wirtschaftsministerium (unter der Präsidentschaft Chiracs) in Auftrag gegeben und gelangt zu dem Schluss, dass die immateriellen Werte

»ein enormes Wachstumspotenzial bergen, das die französische Wirtschaft stimulieren und somit Hunderttausende von Arbeitsplätzen schaffen und ebenso viele erhalten kann, die ansonsten in Gefahr wären.«

Einen Wirtschaftsminister, der so spricht, hat man in Italien noch nicht erlebt. Wir haben aber auch noch keinen Kultur- oder Bildungsminister erlebt, der auch nur versucht hätte, etwas mehr als vages Gestammel über die wahren *immateriellen* Werte des *materiellen* Kulturerbes herauszubringen.

Venedig hat keinen Preis: Weil die unsichtbare Stadt, die jeden Stein der Brücken durchtränkt hat, und jeden Tropfen Wasser in den Kanälen, ein engmaschiges Netz von Beziehungen spinnt, ein machtvolles Gespinst aus Fakten und Gesten, Erinnerungen und Worten, Schönheit und Geschichte. Aber auch Venedig wird bedroht von dem, was Keynes die »Parodie auf den Albtraum eines Buchhalters« nannte, nämlich das schäbige Vorurteil, dass alles seinen Preis haben müsse, vielmehr bei allem nur der Preis das ist, was zählt.

»Anstatt ihre enorm gestiegenen materiellen und technischen Ressourcen zu nutzen, um eine Stadt der Wunder zu errichten, bauen die Menschen des neunzehnten Jahrhunderts Slums; und nach dem Verständnis privaten Unternehmertums hielten sie es für richtig und ratsam, Slums zu bauen, da diese sich ›auszahlten‹, während ihrer Meinung nach eine Stadt der Wunder eine unsinnige Ausschweifung gewesen wäre, die – im dümmlichen Wirtschaftsjargon gesprochen – ›die Zukunft belastet‹ hätte. […] Dieselbe selbstzerstörerische finanzielle Berechnung beherrscht jeden Aspekt des Lebens. Wir zerstören die Schönheit der Landschaft, weil sie niemandem gehört und die Schätze der Natur keinen wirtschaftlichen Wert besitzen. Wir wären fähig, die Sonne und die Sterne abzuschalten, weil sie keine Dividende erwirtschaften.«

Und wenn Keynes' *wonder-city* bereits existieren würde? Wenn sie Venedig hieße? Oder Venedig dazu werden könnte?

Paradox der Konservierung,
Poetik der Wiederverwendung

In römischer Zeit wachte man in Athen eifersüchtig über das Schiff des Theseus, auf dem der Held aus dem Mythos nach dem Sieg über den Minotaurus von Kreta zurückgekehrt war. Aber das uralte Holz verfaulte und nach und nach wurden immer neue Planken anstelle der alten eingesetzt. Wie Plutarch im *Leben des Theseus* ausführt, pflegten die Philosophen sich deshalb »bei ihren Streitigkeiten über das Wachstum der Dinge immer auf dieses Fahrzeug zu berufen, so dass einige behaupteten, es wäre und bleibe dasselbe Schiff, andere hingegen, es wäre ein ganz anderes.« Das sichtbare, greifbare Schiff *verändert sich,* weil die Holzplanken nach und nach ausgetauscht werden, und doch *bleibt es dasselbe,* wenn jede Planke mit der, die sie ersetzt, identisch ist und die Gesamtform unangetastet bleibt. Dies ist das Paradox der Konservierung nach ›östlichem‹ Vorbild, für das der Ise-Schrein in Japan das beste Beispiel bildet, der wenigstens seit dem 7. Jahrhundert alle zwanzig Jahre rituell zerstört und identisch wieder aufgebaut wird, wobei jedes Mal ein einziger Pfeiler (stets ein anderer) des Vorgängerbaus erhalten bleibt. Der amerikanische Sinologe Robert Singer, unter dessen Führung ich den Tempel vor vielen Jahren besichtigen durfte, bemerkte dazu, dass »der älteste Tempel Japans auf diese Weise nie mehr als zwanzig Jahre alt ist«. Der im Gebrauch befindliche Schrein erhebt sich auf einer einfachen Plattform, direkt daneben liegt ein freies Areal, das für den nächsten Schrein bestimmt ist. Voll und leer, Kontinuität und Diskontinuität, in dieser Balance spiegelt sich die shintoistische Vorstellung einer ständigen Erneuerung von Natur und Mensch, sie dient aber auch dazu, die Bautechniken von einer Generation zur nächsten weiterzuvermitteln (der aktuelle Schrein stammt aus dem Jahr 2013, der nächste wird 2033 errichtet). In der japanischen (wie der chinesischen und indischen) Kultur ist das Siegel der ›Authentizität‹ nicht an die Materialität eines Gegenstandes oder Gebäudes gekoppelt, sondern vor allem an seine *formale Wahrheit.*

Mit einem ähnlichen Paradox führt David Hume (in seinem *Traktat über die menschliche Natur*) in einem Diskurs über personale Identität folgenden Vergleich:

»Eine Kirche, die früher in Ziegelsteinen errichtet war, sei in Trümmer gefallen; darauf habe die Gemeinde ›dieselbe‹ Kirche aus Quaderstein und der modernen Architektur entsprechend wieder aufgebaut. Hier ist weder die äußere Gestalt noch das Material dasselbe, es ist überhaupt nichts den beiden Gegenständen gemeinsam, als ihre Beziehung zu den Einwohnern der Gemeinde; dies genügt aber, uns beide als identisch bezeichnen zu lassen.«

Sie sind gleich, so könnte man sagen, basierend auf einer *funktionalen Wahrheit.* Und was sich über eine Person oder ein Gebäude sagen lässt, lässt sich auch über die Städte sagen:

»Eine Stadt ist ein Einziges, ein zusammenhängendes Ganzes, das, so wie ein Tier, weder durch die Abwechslungen des Alters seine Natur verändert, noch durch die Folge der Zeit aus dem einen in das andere verwandelt wird, sondern sich in seinen Eigenschaften und seiner Natur immer gleich bleibt, und daher auch die guten und die bösen Folgen von dem, was es als Körper entweder jetzt tut oder schon getan hat, tragen muss, solange jene Gemeinschaft, welche die einzelnen Teile zu einem Ganzen verbindet, die Einheit enthält. Eine Stadt wegen Verschiedenheit der Zeit in viele oder vielmehr in unzählige Städte zu teilen, ist eben so viel, als aus einem einzigen Menschen deswegen viele zu machen, weil er jetzt alt ist, vorher aber jung und noch früher ein Kind war« (Plutarch, *Moralia, Über den Verzug der göttlichen Strafen*).

Die tastbare Gestalt und die immaterielle Form unterliegen gemeinsam dem Wandel und bleiben sich dabei gleich, sei es im Falle eines japanischen Tempelschreins oder einer englischen Kirche. Die Stadt bewahrt ihre Seele, ihre Kontinuität, solange die Gemeinschaft, die in ihr lebt, sich als ihre Erbin erkennt.

Das Paradox der Konservierung besteht darin, dass nichts erhalten bleiben noch überliefert werden kann, wenn es unbeweglich verharrt, stagniert. Auch die Tradition ist ein ständiges Sich-Erneuern, und wenn diese unermüdliche Bewegung je ganz zum Stillstand kommen sollte, wäre der Preis sehr hoch: Es bedeutet den Tod. Aber sich erneuern heißt nicht (Auto-)

Destruktion. Weder Konservierung noch Tradition haben den Untergang Karthagos noch den von Tenochtitlán besiegelt, beide wurden gewaltsam zerstört. Keine passendere Metapher für die Stadt als jene, die Plutarch gefunden hat: Die Stadt ist wie ein lebendiger Organismus, sie wächst, sie wandelt sich und bleibt dabei dieselbe, auf der Basis eines – wie wir heute sagen würden – genetischen Codes, der in ihre ureigene Geschichte, in die Einzigartigkeit ihrer *forma urbis* eingeschrieben ist. Die Seele der Stadt, die ›unsichtbare Stadt‹, die sich in ihrer sichtbaren Form zeigt, schwingt in diesem Gleichgewicht zwischen Beständigkeit und Wandel mit, in dem Verhältnis zwischen Stadt und Stadtbürgern, zwischen den »Steinen und dem Volk«.

Nichts ist plumper und irreführender, als ›Konservatoren‹ und ›Innovatoren‹ in eine künstlich herbeigeführte Opposition zu drängen und diese Litanei in der öffentlichen Debatte breitzutreten, wie es hierzulande derzeit geschieht. Aus jedem Winkel meldet sich ein selbsternannter Paladin der Innovation, löst Hexenjagden auf die »Kulturschutz-Taliban« aus, die sie als Gegner auch nur der geringsten Veränderung darstellen, als Träumer, die von einer unmöglichen Welt phantasieren, in der Landschaften, Städte und Monumente eingefroren und in einen Dauerschlaf gezwungen werden. Dabei verlangt das historische Gedächtnis unserer Städte gar nicht nach Stillstand, sondern nach Bewegung. Es predigt nicht Einbalsamierung, sondern preist das Leben. Ein Leben jedoch, eine Bewegung, die das Erbgut der Städte respektiert, die ihr harmonisches Wachstum, nicht aber gewaltsame Zerstörung vorantreibt; eines, das neue Architektur auf bedächtige Weise einfügt oder die alte Substanz wiederherstellt, ohne sie in ihrer Form und Identität mutwillig zu verletzen. Dabei kommen die Anschuldigungen gegen die »Taliban« der Konservierung geradewegs aus den Reihen derjenigen, die willkürliche Maßnahmen fördern und sich damit zu Komplizen einer schonungslosen Zerstörung machen.

Damit unsere Städte sich der »Streitfrage der Weiterentwicklung« (wie es die griechischen Philosophen nannten) stellen können, ist es notwendig, über ihre DNA nachzudenken, aber auch über eine geeignete Poetik der Wiederverwendung. Hätte sich der Athena-Tempel in Syrakus (5. Jahrhundert v. Chr.) jemals erhalten können, wäre er nicht zunächst in eine Kirche, dann in eine Moschee und noch später wieder in eine Kirche, die heutige Kathedrale, umgewandelt worden? Und ist es nicht so, dass wir beim Betreten des Pantheon unter der 1900 Jahre alten Kuppel die christlichen Altäre, die *Verkündigung* von Melozzo da Forlì und das Grab von Raffael ohne Weiteres zulassen können? Sind wir Papst Bonifatius IV. etwa nicht dankbar, dass er die Rotunde im Jahre 609 als christliche Kirche weihte? Die Trajans-Säule hätte sich niemals über neunzehn Jahrhunderte fast intakt erhalten, wenn sie im Mittelalter nicht als Glockenturm der Kirche *San Niccolò de Columna* gedient hätte. In diesen und vielen weiteren Fällen brachte die Wiederverwendung nicht nur Veränderungen mit sich, sondern auch Verluste; und doch gewährleistete sie die Erhaltung des Ganzen. Und was auf Mikroebene für das einzelne Monument gilt, gilt noch viel mehr auf der Makroebene der Stadt: Die italienischen Städte bilden ein wunderbares Palimpsest, in dem zuweilen auch Stadtmauern deutliche Spuren von dem Aufeinanderfolgen der geschichtlichen Epochen aufweisen (und zum Beispiel in Cortona von den Etruskern zu den Römern bis ins Mittelalter und die Neuzeit zeugen). Das Stadtgewebe überlebt dank der Veränderung, einige Gebäude werden ersetzt, andere mit derselben oder einer anderen Nutzung erhalten.

Es ist in diesem Zusammenhang in den letzten Jahren in Mode gekommen, von »schöpferischer Zerstörung« zu sprechen: Max Page hat dies in seinem Text *The Creative Destruction of Manhattan* (1999) getan, im Übrigen unter dem Eindruck der Formulierung von Rem Koolhaas »in Manhattans *Kultur des Staus* ist Zerstörung bloß ein anderes Wort für Bewahrung« (*Delirious New York* 1978, Neuauflage 1994, dt. Ausgabe: *Delirious New York: Ein retroaktives Manifest für Manhattan*, 1999). Auch David Harvey hat die Formel der »schöpferischen Zerstörung« mehrfach aufgegriffen, zuletzt in seinem Buch *Rebel Cities: from the Right to the City to the Urban Revolution* (2012, dt. Ausgabe: *Rebellische Städte*, 2013), wo er mit diesem Etikett die radikalen städtischen Restaurierungsmaßnahmen auf Kosten der einkommensschwachen Arbeiterklasse belegt. »Um die neue städtische Welt auf den Trümmern der alten zu errichten, muss Gewalt angewendet werden«, schreibt er und führt als Beispiel die Demontage der verarmten Viertel von Paris unter Napoleon III. an. Auch Horst

Bredekamp kommt bereits im Untertitel seines Buchs *Sankt Peter in Rom* 2000 auf das »Prinzip der produktiven Zerstörung« zu sprechen. Diese Formulierung, obschon sie im Bereich der urbanen Soziologie oder der Architekturgeschichte Anwendung findet, ist der Sprache der Ökonomie entlehnt, wo sie sich dank Joseph Schumpeters *Theorie der Innovation* (1912) durchgesetzt hat, die ihrerseits in Marx wurzelte. Für Bredekamp stellt es sich sogar folgendermaßen dar:

> »Schumpeters Credo, dass sich das Objekt des Historikers wie des Akteurs nicht in einer ›ewigen Windstille‹, sondern ›im ewigen Sturm der schöpferischen Zerstörung‹ ereignet, findet in der Baugeschichte von St. Peter seinen vielleicht überzeugendsten Beleg.«

Die Zerstörung der konstantinischen Basilika, die dem Wunsch nach einem Neubau der symbolträchtigsten Kirche des päpstlichen Primats geschuldet war, ist nicht mit dem japanischen Paradigma der Ise-Schreine gleichzusetzen, sondern, wenn überhaupt, näher an dem von David Hume gebrachten Beispiel einer englischen Gemeindekirche, die »der modernen Architektur entsprechend« wieder aufgebaut wird. Schöpfung und Zerstörung verschmelzen hier in überdeutlicher Weise, doch wir wollen uns eine einfache Frage stellen: Würde man die Peterskirche unter dem Eindruck der vom amtierenden Papst gepredigten neuen kirchlichen Ethik heute zerstören wollen, um einen Bau in schlichterem, weniger triumphalem Geist oder »der modernen Architektur entsprechend« zu ermöglichen, was würden wir wohl sagen? Auch im 16. Jahrhundert beklagten viele die Zerstörung des ehrwürdigen frühchristlichen Bauwerks, doch die gestiegene Bedeutung einer Kultur der Konservierung lässt glauben (oder hoffen), dass eine Zerstörung der Basilika in ihrem heutigen Zustand niemals denkbar wäre. Genauso wenig wie wir heute ein Umfunktionieren der Trajans-Säule in einen Glockenturm oder Ähnliches hinnehmen würden. In der Tat hat sich im Laufe der Jahrhunderte eine neue Sensibilität ausgebildet, die hybride Überlagerungen der Funktionen nicht mehr toleriert.

Das Bewusstsein für Kulturschutz ist eine unumstößliche historische Tatsache, die sich in einer langen Reihe von Normen in der italienischen Rechtsordnung niedergeschlagen hat und schließlich in Artikel 9 der Verfassung mündete, in der ihm unter den Grundsätzen des Staates eine prominente Stellung zugemessen wird. Konservieren und nicht zerstören ist also, zumindest in Italien, auch eine Frage der Legalität. Eine ganz andere Geschichte ist das Wohnschema von Manhattan, wo die Zerstörung von Gebäudeprototypen dazu beigetragen hat, ihre Grundprinzipien in den von ihnen inspirierten neuen Gebäuden zu unterstreichen (Koolhaas). Gleichermaßen war im archaischen Griechenland die Zerstörung der älteren dorischen Holztempel erforderlich, um ihren Geist und ihre Proportionen in Stein zu übersetzen. Im 2. Jahrhundert n. Chr. erinnert Pausanias daran, dass im Hera-Tempel in Olympia neben den Steinsäulen auch eine Säule aus Eichenholz erhalten war, ein Überbleibsel unter all den anderen, die ebenfalls schon jahrhundertealt waren.

Das Prinzip der schöpferischen Zerstörung lässt sich nicht mechanisch und wahllos auf das Wachstum der Städte anwenden. In Wahrheit ist die unterschiedslose Verwendung einer Metapher der Wirtschaftssprache zur Beschreibung von kulturellen Phänomenen oder städtischen Entwicklungen zweideutig und riskant. Für Schumpeter ist »dieser Prozess der ›schöpferischen Zerstörung‹ [...] das für den Kapitalismus wesentliche Faktum.« Er bestimmt den

»Prozess einer industriellen Mutation – wenn ich diesen biologischen Ausdruck verwenden darf –, der unaufhörlich die Wirtschaftsstruktur *von innen heraus* revolutioniert, unaufhörlich die alte Struktur zerstört und unaufhörlich eine neue schafft.«

Ist es dieses Modell, das wir uns für unsere Städte, unsere Monumente, unsere Kultur wünschen? Bei Schumpeters Formulierung liegt der Akzent auf der *Produktion*, was eine unbequeme Frage aufwirft: Wenn wir etwas zerstören, was wollen wir dann an seiner Stelle *produzieren*? Sind wir sicher, dass das, was wir, nachdem wir ein historisches Stadtzentrum, ein Monument, eine kulturelle Institution ganz oder teilweise zerstört haben, an seiner Stelle dort errichten, zum Vorteil der Bürger sein wird?

Die auf Schumpeter zurückgehende Metapher führt leicht zu einem Fehlschluss, nämlich dass ›Neues‹ und ›Altes‹ sich vor allem aus wirtschaftlichen Gründen miteinander messen müssen. In diesem Fall könnte man theoretisch das Abreißen der Stadtmauern von Ferrara, an deren Stelle ein Ring aus Wohnblöcken errichtet werden würde, als einen Akt der »schöpferischen Zerstörung« lesen. Das Gleiche würde dann auch für die Nichtausschüttung genehmigter Finanzierungen von Schulen, Universitäten, von Forschung und kulturellen Einrichtungen gelten, um damit andere Bereiche der öffentlichen Ausgaben zu decken (Kampfflugzeuge oder Großprojekte wie die Brücke über die Meeresenge von Messina), was die italienischen Regierungen wiederholt vorgeführt haben. Der Punkt ist der: Wenn wir im Kontext soziokultureller Strukturen ernsthaft über eine »schöpferische Zerstörung« sprechen wollen, dann muss sie in der Tat etwas ›produzieren‹, allerdings nicht mit Blick auf das Haushaltsbudget, sondern auf die Werte oder, wenn man eine andere und besser geeignete Metapher bemühen möchte, auf das ›zivilgesellschaftliche Kapital‹. Gemeinschaftssinn, Kraft der Erinnerung, Macht des Schönen, Identifikation des Bürgers mit der *forma urbis*, in der er sich wiedererkennt –, wenn diese Aspekte fehlen oder gar mit Füßen getreten und auf den Kopf gestellt werden, kann keine ›Zerstörung‹ je wirklich ›produktiv‹ sein. Um nur ein Beispiel zu nennen: Die desolaten Peripherien, die sich inzwischen zu Barrieren um unsere Städte ausgewachsen haben, ihren Geist und ihre Erbsubstanz verratend, haben zweifellos den ländlichen Raum und ganze Landschaften *zerstört*, aber kein zivilgesellschaftliches Kapital *produziert*, sondern allein Ertragsquellen für Bodenrendite und Bauunternehmer erschlossen.

Was die Frage nach hochwertiger Architektur betrifft, so vermag ein neues Gebäude durchaus ›zivilgesellschaftliches Kapital‹ in einer Stadt zu schaffen, dies ist möglich, ja wünschenswert, darf aber nicht als selbstverständlich vorausgesetzt werden. Ein bedeutender Architekt unserer Tage, Mario Botta, hat mit dem *Mart* von Rovereto ein hervorragendes Beispiel gegeben: Ein neues museales Bauwerk fügt sich harmonisch ins historische Stadtzentrum ein und hat dort nicht nur Zulauf von Besuchern ›produziert‹, sondern vor allem, dank größerer Kulturpräsenz,

Ambitionen für die Zukunft geweckt und das bürgerliche Selbstbewusstsein mit neuem Leben erfüllt. Und doch zeichnet derselbe Architekt verantwortlich für das Projekt eines 60 Meter hohen Wohnturms in Sarzana – ein Immobiliengeschäft, das faktisch ›zivilgesellschaftliches Kapital‹ erzeugt hat, allerdings der anderen Art, nämlich den Protest eines lokalen Bürgerausschusses oder Kommentare wie den des Anthropologen Franco La Cecla, dass »starsignierte Kubikmeter noch längst keine Stadt machen«.

Die Verwendung der Formel von der ›schöpferischen Kreativität‹ im Sinn von Wirtschaftlichkeit wird offensichtlich, wenn der Grund für die Zerstörung ein natürliches Ereignis ist und dessen ungeachtet die Schöpfer neuer Bauvolumen freudestrahlend vor Ort eilen, um ihre ganze Schaffenskraft auszubreiten. So geschehen in L'Aquila nach dem verheerenden Erdbeben, das die Stadt in Trümmer gelegt hat; oder in der Emilia-Romagna, wo man erst Glocken- und Geschlechtertürme hat einstürzen lassen und 2013 (anlässlich der Denkmalpflegemesse in Ferrara) ein Projekt unter dem Motto »wo, aber nicht wie es war« ins Leben rief. Bei dieser Gelegenheit wurde ein von oben bis unten mit enormen rotgeschminkten Frauenmündern dekorierter Turm gezeigt, dazu noch ein weiterer Turm, der (als Verneigung vor der lokalen Kultur) aus übereinandergestapelten Parmesanlaibern bestand. Schumpeters Formel ist in Fällen wie diesen völlig fehl am Platz. Man täte besser daran, von ›destruktiver Zerstörung‹ zu reden, wenn Architekten, regionale und kommunale Verwaltungen und sogar die Einrichtungen für Denkmalschutz sich als die besten Verbündeten des Erdbebens erweisen, das Zerstörungswerk vollenden und die Lage weiter verschärfen.

Als hingegen am 14. Juli 1902 in Venedig der Glockenturm von *San Marco* einstürzte, entschied man, den *Campanile* wieder aufzubauen, wie und wo er gewesen war (*com'era e dov'era*). Auf dieselbe Weise verfuhr man nach den Bombardierungen im Zweiten Weltkrieg mit der *Trinita*-Brücke in Florenz und dem *Archiginnasio* in Bologna. Schwer vorstellbar, wie diese Städte sich heute darbieten würden, wäre man damals anders verfahren. Der imposante Glockenturm des Markusdoms wird *el paròn de casa* (›der Herr des Hauses‹) genannt, derart dominant herrscht er mit seiner Präsenz und Höhe (fast hundert Meter) über Platz und

Stadt. Venedig mag dem einen oder anderen als geeignetes Experimentierfeld für Immobilienprojekte und, immer im Namen der Zukunftsorientierung, mehr oder weniger schöpferische Zerstörungswerke erscheinen. Dies mag so sein und es trifft immer mehr zu, solange die Stadt weiterhin einen Schwund ihrer Bevölkerung zu verzeichnen hat und in einer traurigen Entwicklung in die falsche Richtung zu einer Stadt ohne Bürger werden wird.

Stattdessen könnte Venedig in seiner einzigartigen *forma urbis* fortbestehen, sofern es sich imstande zeigt, das ›Paradox der Konservierung‹ im Einklang mit der ihm eigenen Erbsubstanz auszulegen; wenn es imstande wäre, eine ›Poetik der Wiederverwendung‹ zu entwerfen, die nicht allein auf den Massentourismus beschränkt bleibt. Ein Venedig, das nicht weiter dem erfolglosen Modell einer Stadt im Winterschlaf-Modus hinterherläuft, sondern jede Veränderung unter der Devise der Langsamkeit lebt und, angesichts des überaus kostbaren städtischen Gewebes, das von diesen Umgestaltungen berührt werden würde, Raum schafft für bis ins Detail durchdachte und umsichtig durchgeführte Eingriffe. Selbstachtung wird Venedig nur dann zeigen, wenn es, mit den Worten Plutarchs, erkennt, dass es noch immer »ein Einziges, ein zusammenhängendes Ganzes [sein kann], das, so wie ein Tier, weder durch die Abwechslungen des Alters seine Natur verändert, noch durch die Folge der Zeit aus dem einen in das andere verwandelt wird«. Wenn es »sich in seinen Eigenschaften und seiner Natur immer gleich bleibt«, weil die »Gemeinschaft, welche die einzelnen Teile zu einem Ganzen verbindet, die Einheit enthält«. Kurz gesagt, wenn Venedig sein Schicksal selbst schöpferisch in die Hand nehmen und jede Veränderung nicht an den Erwartungen der Touristen, nicht an Immobilienspekulationen, sondern an der Zukunft der eigenen Bürger ausrichten wird.

Reproduziertes Venedig

Umschlossen vom Wasser seiner Lagune, inspiriert Venedig die Welt. Der plötzliche Einsturz des Glockenturms von *San Marco* im Jahr 1902 und sein umgehender, 1912 abgeschlossener

Wiederaufbau ›wie und wo er gewesen war‹ lösten zu Beginn des 20. Jahrhunderts vor allem in Amerika eine Welle von Repliken unterschiedlicher Dimension aus. So sah man dem Markusturm nachempfundene Türme an den Bahnhöfen von Seattle (1904, 74 m) und Toronto (1916, 43 m) in die Höhe schießen, am großen Kaufhaus *Daniels and Fisher* in Denver, Colorado (1910, 99 m), auf dem Campus von Berkeley (1914, 94 m), am Rathaus im australischen Brisbane (1917, 91 m) und im südafrikanischen Port Elisabeth (1920, 52 m). In New York wachsen die Imitationen des *Campanile* von *San Marco*, regelrechte und immer noch genutzte Wolkenkratzer, um einiges höher in den Himmel als ihr Vorbild: Der *Metropolitan Life Insurance Company Tower* in der Madison Avenue (1909) ist 213 Meter hoch, während die Turmspitze des *Bankers Trust Company Building* in der Wall Street (1910) mit seinen 164 Metern Höhe eine Replik des Mausoleums von Halikarnassos ziert. Tod und Wiederauferstehung eines berühmten historischen Monuments haben diese und noch weitere Imitationen hervorgerufen, die jene Form zitieren wollten, um Universitäten, Bahnhöfe, Kaufhäuser, Rathäuser, vor allem aber Hochhäuser zu nobilitieren.

Auch die Stadt Venice in Kalifornien ist in jenen Jahren entstanden (gegründet 1905 von dem Tabakindustriellen Abbot Kinney). Hier gibt es zwar keinen Campanile, dafür einen Dogenpalast, der, das muss man sagen, recht bescheiden ausgefallen ist; ein paar Kanäle sind geblieben, früher einmal gab es auch Gondeln und Gondolieri. Das Immobiliengeschäft war ein großer Erfolg, zusammen mit einem Geschäftspartner hatte Kinney das große Stück Land erworben, auf dem die neue Stadt errichtet wurde, deren ursprünglicher Name – Venice of America – den Bezug zum Venedig in Italien noch deutlicher machte. Die Idee war, eine Kombination aus Vergnügungspark und Stadt zu schaffen und für ein wenig (künstliches) Lokalkolorit zu sorgen, um die Besucher an den herrlichen Sandstrand am Pazifik zu locken, den wirklich nichts mit Venedig verbindet. Venice wurde damit zu einem Vorläufer von Disneyland (das 1955 nur fünfzig Kilometer davon gegründet wurde); die noch verbliebenen Kanäle sind 1982 in das *National Register of Historic Places* aufgenommen worden.

Noch weitere siebenundzwanzig *Venice* gibt es in den Vereinigten Staaten (zweiundzwanzig in Brasilien); Fort Lauderdale in Florida gilt als ›Venice of America‹, so wie Aveiro das ›Venedig von Portugal‹ ist; als ›Venedig des Nordens‹ werden gleich mehrere Städte bezeichnet: Amsterdam, Hamburg, Brügge, Stockholm und St. Petersburg. Unzählig die Beispiele für das Venedig des Ostens, von Bangkok bis Hanoi und Udaipur (Indien), allein in Japan gibt es acht. Ganz zu schweigen von den überall auf der Welt nach Venedig benannten Stadtvierteln, von Livorno bis Le Havre, von Straßburg bis London (*Little Venice* in Maida Vale); oder auch Venezuela, dessen Name (›Kleines Venedig‹) sich offenbar von den Pfahlbauten in der Gegend um Maracaibo ableitet. So gut wie nie finden sich in diesen Städten oder Vierteln mehr oder weniger geglückte Nachahmungen venezianischer Merkmale. Was alle diese Orte verbindet, ist in erster Linie ein mehr oder weniger dichtes Netz von Kanälen, die ganz bestimmte Wohnbedingungen definieren, für die Venedig (das echte) als höchstes Exempel gilt.

In einem kulturellen Umfeld, das leicht zufriedenzustellen ist, genügt bisweilen ein einziger Kanal, ein paar Gebäude, die sich in ihm spiegeln, der eine oder andere Eingang zum Wasser, ein paar Boote, die zwischen den Häusern hin- und herfahren, um das Bild von Venedig heraufzubeschwören. Umgekehrt funktioniert das jedoch nicht: Niemand würde Venedig als das ›Stockholm an der Adria‹ bezeichnen. Zu übermächtig das Bild des einzig wahren Venedigs, es übertrumpft alle anderen, ist der Prüfstein, an dem sie gemessen werden. Hat sich die Idee von Venedig, hundertfach beschworen und kopiert, dadurch gefestigt oder zersetzt? Beruht der Erfolg des Stadtnamens (manche sagen der meistimitierte der Welt, noch vor Rom oder Paris) auf dem pittoresken Stadtbild oder auf einem subtileren Interesse für eine ungewöhnliche Lebensweise in der Stadt? Liegt darin der Wunsch, die Schönheit dieser Stadt zu kopieren oder eher die Tendenz, in ihr das Exotische, Unwahrscheinliche (und aus diesem Grund ›Unterhaltsame‹) zu sehen?

Venedig als Vergnügungspark nachzubauen ist nicht nur in Kalifornien zu Beginn des 20. Jahrhunderts eine vertraute Idee. In Las Vegas findet man das *Venetian Resort Hotel* mit über 8000 Zimmern und angeschlossenem Spielkasino inmitten einer *ad hoc* rekonstruierten Miniversion von Venedig. Der *Campanile* von *San Marco*, die *Rialto*-Brücke im Maßstab von 1 zu 2, Kanäle mit

Gondeln, maßstabsgerechte Nachbildungen von Dogenpalast, Markusplatz und der angrenzenden *Piazzetta*: dieses und noch mehr bietet *The Venetian* seinen Gästen, seit Sophia Loren das Hotel 1999 an Bord einer motorisierten Gondel eingeweiht hat. Nicht fehlen durfte ein Wolkenkratzer, der *Venetian Tower*, 36 Stockwerke auf 145 Metern Höhe, mit mehr als tausend Suiten und einer Kapelle für schnelle Hochzeiten. Zu viel Kitsch? Jedenfalls entschieden sich zwei namhafte Museen, die Eremitage und das Guggenheim, als sie 2001 in Las Vegas eine gemeinsame Zweigstelle eröffnen wollten (das *Guggenheim Hermitage Museum*, genannt *The Jewel Box*), diese im *Venetian* unterzubringen und dort Ausstellungen von Künstlern von Tizian bis Pollock zu zeigen, ein Fehlschlag, der das Museum nur wenige Jahre später zur Schließung zwang.

In seinem jüngst erschienenen Buch hat der Journalist Guido Moltedo in einer Bestandsaufnahme diesem nicht mehr einzigartigen, sondern (so der Untertitel) hundertfach nachgeahmten, kopierten, erträumten Venedig nachgespürt (*Welcome to Venice. Cento volte imitata, copiata, sognata*, 2007). Um nur einige Beispiele zu nennen: Das *Venetian* von Las Vegas hat 2007 in Macao eine Art Klon von ebenfalls ungeheuren Ausmaßen erzeugt (*The Venetian Macao Resort* samt Wolkenkratzern, Gondeln, *Campanile* von *San Marco*, *Rialto*-Brücke und dem größten Spielkasino der Welt). Im türkischen Kundu unweit von Antalya hat 2003 ein *Venezia Palace De Luxe Resort* eröffnet, mit bestenfalls annähernden Kopien der Pferde von *San Marco*, die aus dem üblichen, um den *Campanile* kreisenden Zitatensortiment schöpfen – eine bemerkenswerte ›Rückgewinnung‹, wenn man sich in Erinnerung ruft, dass die Pferde von *San Marco* (die echten) nach dem Kreuzzug 1204 als Kriegsbeute von Konstantinopel nach Venedig gebracht wurden. Und in Istanbul selbst ist seit 2011 im Stadtbezirk Gaziosmanpaşa das Wohnprojekt *Viaport Venezia* im Bau, fünf Wolkenkratzer mit insgesamt 2500 Wohnungen (der höchste 51 Stockwerke hoch), die sich rings um eine Wasserfläche schließen, dazu ein Einkaufszentrum, Kanäle, kleine Brücken im venezianischen Stil und ein paar Gondeln. Der Slogan der Webseite lautet: »Du musst nicht länger nach Venedig reisen, um Venedig zu erleben – *Viaport Venezia* hat mehr zu bieten als Venedig, nicht weniger«. Auch in Dubai gibt es ein Venedig, im

Schatten des *Burj Khalifa*, des derzeit höchsten Wolkenkratzers der Welt (828 m), nur ein paar Kanäle diesmal und das eine oder andere Boot, ohne Markustürme oder *Rialto*-Brücken. In Katar ist ebenfalls ein falsches Venedig entstanden, in einer unseligen Verbindung mit gewaltigen Wolkenkratzern, die aus schwindelnder Höhe finster darauf herabblicken.

Allen diesen Beispielen gemeinsam ist die Umsetzung einer armseligen Variante von Venedig, pittoreskes Beiwerk in reduziertem Maßstab und mit billigem Material, aber angepriesen wie ein Luxusobjekt. Um ›Venedig zu erleben‹, muss man, wie es scheint, nur über eine kleine Brücke gehen, die sich über einen falschen Kanal spannt, und aus dem Augenwinkel die daneben vertäute, überflüssige Gondel erhaschen. Diese Venedig-Attrappen zieren Fünf-Sterne-Hotels oder exklusive Wohnviertel wie das türkische *Viaport Venezia*, »wo dich ein perfektes Leben erwartet, wie du es nicht einmal in Venedig findest«. Die um eine Wasserfläche gruppierten Wolkenkratzer des Istanbuler Immobilienprojekts erinnern (nur Zufall?) in kleinerem Maßstab an das erwähnte, 2006 vorgestellte *Aqualta*-Projekt, das mit der Vision eines Hochhausrings um das echte Venedig spielt. Auch in den anderen künstlichen Venedig-Welten überragen ein oder mehrere Wolkenkratzer die verkleinerte Reproduktion des *Campanile* von *San Marco*, auf den sie wie Riesen auf den Zwerg herabschauen.

Aber nichts kommt dem gleich, was in China geschieht. Macao gilt aufgrund seiner Vergangenheit als ehemals portugiesisches Gebiet (wie Hongkong) quasi als West-Fortsatz, und vielleicht deshalb hat es das künstliche Venedig von Las Vegas geklont. Aber überall in China haben die massiven Bevölkerungsbewegungen, die gleichzeitige Industrialisierung des ländlichen Raums und die Entstehung der Megastädte zu einer radikalen Zerstörung historischer Siedlungen und zur Schaffung gleichförmiger spanischer, französischer, holländischer und englischer Wohnviertel geführt (so zum Beispiel in Huizhou). Für Lokalkolorit sollen mitunter Kirchen sorgen, die wie Theater genutzt werden: Was in europäischen Städten bei einem Funktionswandel sakraler Gebäude geschieht, deren liturgische Nutzung aufgegeben wurde, wird hier zur eigentlichen Bestimmung einer Kirche, die nie eine gewesen ist und in ihrer Form und Komplexität sinnentleert wird.

Die *New South China Mall* in Dongguan (unweit von Hong-kong), das größte Einkaufszentrum der Welt, umfasst sieben Areale, die einer entsprechenden Zahl von Städten oder geographischen Gebieten nachgebildet sind: Rom, Venedig (samt Campanile und Kanälen), Paris, Amsterdam, Ägypten, die Karibik und Kalifornien. Seit der Eröffnung 2005 stehen 90 Prozent der Verkaufsflächen leer. In der Stadt Hangzhou gibt sich ein ausgedehntes Stadtviertel als sorgfältig nachgestelltes Klein-Venedig, wie die Architekturkritikerin Bianca Bosker in ihrem jüngst erschienenen Buch beschreibt (*Original Copies: Architectural Mimicry in Contemporary China*, 2013):

»Wie im wirklichen Venedig sind die Häuser in warmen Orange-, Rot- und Weißtönen gestrichen. Die Fenster haben Balustraden und Spitzbögen und werden von den steinernen Arkaden der Loggias gerahmt. Die Gebäude verschmelzen gotische, venezianisch-byzantinische und orientalische Motive und überblicken ein Netz von Kanälen, auf denen Gondolieri ihre Gondeln unter Steinbrücken hindurchsteuern. Das Glanzstück ist eine Replik von Markusplatz und Dogenpalast auf dem Hauptplatz der Stadt, komplett mit Campanile von San Marco und einem Säulenpaar, auf dem vergoldete Statuen des Markus-Löwen und des Heiligen Theodor stehen, der Stadtpatrone von Venedig.«

Laut Bosker treten diese Architektur-Phantome an die Stelle der authentischen chinesischen Altstadt, die zerstört wird, weil sie als Sinnbild von Armut gilt. Auf der anderen Seite beschwören Alpendörfer, italienische Platzanlagen und englische Kirchen offenbar eine prosperierende Gesellschaft herauf, mit der sich die chinesischen Neureichen identifizieren wollen. Liegt es daran, dass »barocke Emphase, eklektischer Rausch und der Drang zur Nachahmung dort dominieren, wo der Reichtum keine Wurzeln in der Vergangenheit hat« (Umberto Eco)? Bosker findet eine andere Erklärung: In ihrem Buch rollt sie die lange chinesische Tradition einer thematischen Aneignung fremder Architekturen auf, beginnend im 3. Jahrhundert v. Chr., als der erste Kaiser nach der Eroberung der letzten sechs unabhängigen Reiche in seiner Hauptstadt Xianyang die Paläste der entmachteten Herrscher in kleinerem Maßstab replizieren ließ. Wahrscheinlicher ist, dass die passive Nachahmung des nach materiellem Reichtum strebenden Individuums (Eco) und die Gewohnheit einer Zivilisation, viele weitere zu absorbieren, im heutigen China unter dem (ebenfalls mimetischen) Zeichen eines galoppierenden Kapitalismus ineinanderfließen, auch wenn dieser unter der Führung einer kommunistischen Partei beworben und vorangetrieben wird.

Architektur als Ersatz, Trugbild, Simulacrum. Das deutsche Wort ›Ersatz‹ dringt unter dem Eindruck der beiden Weltkriege in die englische Sprache ein, um Ersatzerzeugnisse für schwer zu beschaffende Artikel zu bezeichnen (so zum Beispiel Malzkaffee anstelle von echtem Kaffee). Während die in Amerika und andernorts replizierten *Campanili* von *San Marco* des 20. Jahrhunderts, einschließlich der Wolkenkratzer, noch eine respektvolle Verneigung vor dem *paròn de casa* auf dem Markusplatz waren, substituiert die ›Ersatz‹-Architektur der Venedig-Imitate die Authentizität, die Erinnerung, die Geschichte mit improvisierten Szenerien und bringt dafür drastische Auswahlfilter zum Einsatz. Beispielsweise findet man in keinem der Venedig-Klone eine auch nur annähernde Kopie der Markusbasilika (zu kompliziert für eine Reproduktion), und niemandem ist es je eingefallen, die *Giudecca* oder den *Campo San Polo*, die *Frari*-Kirche oder die *Scuola Grande di San Rocco* zu replizieren. Um Venedig zu klonen, muss man es zunächst verstümmeln, rund 99 Prozent davon wegwerfen und es auf eine Karikatur seiner selbst reduzieren, wie einen vom Fleisch befreiten Knochen. Der tiefere Grund für seinen Zauber, der Reichtum und die Mannigfaltigkeit seines städtischen Gewebes, wird im selben Moment abgetötet, in dem es als Modell ausgerufen wird. Und doch ist die Vermutung geäußert worden, dass (das wahre) Venedig zweifach von seinen blassen Imitationen profitieren könnte: indem es einen Teil der Touristenströme, die sich über die Stadt ergießen, dorthin umleitet und von denen, die es kopieren, Verwertungsrechte einfordert. Aber was, wenn das Gegenteil davon eintritt? Wenn die überall auf der Welt verteilten Venedig-Fakes am Ende das Bild, das das wahre Venedig von sich selbst hat, korrumpiert? Wenn sie zum heimlichen Modell werden würden? Wenn ein Venedig ohne Bürger in Las Vegas, Dubai oder Chongqing nach der eigenen Identität suchen würde?

Supermärkte der Geschichte

Architektur-Mimikry ist ein bewusster Vorgang und hoch gehandelt – bei Investoren, ebenso wie bei den zahlenden Nutzern. Originalgetreu muss sie sich geben, weil sie genau das nicht ist. Der ungeschriebene Pakt zwischen denjenigen, die verkaufen, und denjenigen, die kaufen, lässt die Täuschung wie ein kostenloses Spiel erscheinen, das in Wirklichkeit aber seinen Preis hat. Ein nicht nur monetärer, sondern auch sozial und kulturell zu berechnender Preis: Geschichte wird zur Ware, der Stadt-Klon ist die Hülle, in der sie auf den Markt kommt. Was Umberto Eco vor mehr als dreißig Jahren über Amerika geschrieben hat, trifft heute in weiten Teilen der Welt zu:

> »[… in einem Land], in dem eine bildliche Wiedergabe, um glaubwürdig zu erscheinen, partout und auf Teufel komm raus ›ikonisch‹ sein muss: anschaulich und wahrheitsgetreu im Sinne einer täuschend ähnlichen, täuschend ›echt‹ wirkenden Kopie der wiedergegebenen Realität.« [Es geht um die Suche nach Fällen,] »in denen die […] Einbildungskraft das Wahre und Echte haben will und, um es zu bekommen, das absolut Falsche erzeugen muss«.

Daher erinnern Wohnviertel und Einkaufszentren, welche die Form einer historischen Stadt verkürzt nachstellen, aus der Nähe betrachtet an Themenparks, in denen »die historische Information, um ›anzukommen‹, die Form einer Reinkarnation annehmen muss« (Eco).

Der bekannteste Themenpark Amerikas ist *Colonial Williamsburg* in Virginia, wo die historische Altstadt in der Absicht umgestaltet wurde, ihr Aussehen zu bewahren. Zum damaligen Zeitpunkt (1926) wurde als *cut-off date* das Jahr 1770 gewählt, alle (auch nur um zehn Jahre) jüngeren Gebäude wurden abgerissen oder neuerrichtet. Insgesamt sind seinerzeit 731 Bauten abgetragen worden, von denen man 413 am ursprünglichen Standort in der Gestalt vor 1770 wiedererrichtet hat, und nur 81 wurden erhalten und restauriert. In dieser extremen Demonstration von Purismus übersteigt der zerstörte Teil bei weitem den erhaltenen. Gerechtfertigt wurde diese Operation mit dem neu eingeführten Konzept einer *authentic reproduction*, ein Oxymoron, das die Täuschung (*reproduction*) zwar einräumt, aber mit dem Siegel der ›Authentizität‹ abschwächt. Der Erhaltungswille zerschellt hier an einer Mischung dessen, was *wirklich* alt ist, und dem, was nur alt *erscheint*. Die amerikanische Architekturkritikerin Ada Louise Huxtable hat es so beschrieben:

»Williamsburg und seine Nachkommen haben viele von uns gelehrt, eine sterile und selektive Version der Vergangenheit vorzuziehen – und ihr Glauben zu schenken –, die Diversität und Eloquenz von Veränderung und Kontinuität zu leugnen, die tatsächlichen Stratifikationen von Geschichte und Menschheit zu ignorieren, die unsere Städte zu Vehikeln einer besonderen Art von Kunst und Erfahrung machten, zu grobkörnigen Ansammlungen des Besten und des Schlechtesten, das wir hervorgebracht haben. Diese ›Aufzeichnung‹ weist sich durch eine wundervolle Besonderheit aus: Sie ist echt.« (*The New York Review of Books*, 3. Dezember 1992)

Den Schlüssel zum Verständnis eines solchen Konstruierens artifizieller Vergangenheit findet man in der simultanen Projektierung von *Colonial Williamsburg* und dem *Rockefeller Center* in New York. John D. Rockefeller jr. war in beiden Projekten gleichzeitig aktiv, wobei »das eine Unternehmen der Herstellung von Vergangenheit [dient], das andere – inmitten einer kollabierenden Wirtschaft – der Restaurierung einer Zukunft« (Koolhaas).

Die überall auf der Welt anzutreffenden Themenparks und Freilichtmuseen wenden denkbar merkwürdige Strategien der Erhaltung an, ganze Dörfer werden abgerissen und neuerrichtet, einzelne ›typische‹ Gebäude verlegt, um mit Häusern und Kirchen aus anderen Dörfern in eine künstliche *Assemblage* zu treten. Der älteste Fall, der zum nachahmenswerten Vorläufer wurde, ist die Gebäudesammlung, die König Oskar II. von Schweden und Norwegen 1881/82 zusammengetragen und danach kontinuierlich erweitert hat. Ursprünglich im königlichen Garten ausgestellt, wanderte sie später ins *Norsk Folkemuseum* in Bygdøy bei Oslo, wo ab 1915 ein ganzes Stadtviertel, die sogenannte ›Altstadt‹ entstand, mit städtischen Bauten vor allem für die ärmeren Schichten. Nach der Unabhängigkeit Norwegens 1905 gewann dieses zur Demonstration eines neuen Nationalbewusstseins sich anbietende Freilichtmuseum weiter an Bedeutung. Die Sammlung umfasst heute mehr als 150 historische Gebäude aus dem ganzen Land, die Stück für Stück abgetragen und wiedererrichtet wurden, unter Einsatz von Restaurierungsmaßnahmen, die häufig einer regelrechten Neuausführung gleichkamen.

Parallel eröffnete in Schweden 1891 das Freilichtmuseum *Skansen* in Stockholm, das ebenfalls historische Holzhäuser zeigte, die sich leicht explantieren und andernorts wieder aufbauen ließen. Das Museum diente in der Folge als Vorbild für ähnliche Initiativen in Russland, wo das Wort ›Skansen‹ zur Bezeichnung dieser musealen Gestaltungsform verwendet wird. Ab 1927 begann man, eine Reihe historischer Gebäude aus anderen Gebieten nach Kolomenskoe bei Moskau zu transportieren, das berühmteste Museum dieser Art ist das Freilichtmuseum auf der karelischen Insel Kischi, das 1961 gegründet wurde. Jüngeren Datums sind einige Beispiele aus Deutschland, wie die Freilichtmuseen in Gutach (1963) und Neuhausen ob Eck (1988), die jeweils einige Dutzend Gebäude umfassen, die mit ausführlichen didaktischen Apparaten als ein zusammenhängendes Ganzes präsentiert werden. Genau wie in Bygdøy kommt dem Museum eine Erziehungsfunktion zu, das Wissen über die Vergangenheit vermitteln soll und diese Aufgabe einem Dorf anvertraut, das nie existiert hat; das vielmehr aus Gebäuden zusammengefügt ist, von denen jedes einzelne seinem historischen Kontext entrissen wurde, der dadurch dauerhaft beschädigt wird. Der neue Kontext gibt sich dabei wirklicher als die Wirklichkeit, dafür sorgen der museale Charakter, der betriebene didaktische Aufwand und nicht zuletzt die Akteure in historischen Kostümen, die sich dort während der Öffnungszeiten tummeln und als Schmiede, Bauern und Hirten einer anderen Epoche ausgeben. So wie im *Living Museum Plimoth Plantation* in Plymouth, Massachusetts, das die Landung der *Mayflower* und der Pilgerväter nachstellt und wo die Komparsen darin geschult werden, untereinander und mit den Besuchern in einem Englisch des 17. Jahrhunderts zu sprechen.

Dennoch gibt es einen Unterschied zwischen Freilichtmuseen wie dem in Bygdøy, die teils authentische, wenn auch ihrem ursprünglichen Kontext entrissene Gebäude enthalten, und den Rekonstruktionen historischer Dörfer, die auf minimalen oder auch inexistenten archäologischen Spuren aufsetzen (Plymouth). In beiden Fällen werden die alten Wohntypologien mittels Verfälschung zugänglich und attraktiv gemacht. Doch trotz allem Anschein besteht der radikalste Schritt nicht in der Rekonstruktion altertümlicher Siedlungen (ein Beispiel ist die rekonstruierte Römerstadt in Xanten), sondern in der Umsetzung von historischen Gebäuden nach norwegischem Vorbild an eigens hierfür eingefriedete Plätze. Wie in einem Flüchtlingslager belässt man die schützenswerten Gebäude nicht an ihrem Ort, sondern sorgt mit einer wohlwollenden ›Rettungsaktion‹ für ihre Umsiedlung. Allein die Gegenwart hat hier uneingeschränktes Bürgerrecht; Geschichte kommt herunter zum längst Vergangenen, zum Überbleibsel, zum Altenheim.

Ihren offenkundigen Vorläufer finden die Themenparks in den Weltausstellungen, die nach dem enormen Erfolg der Weltausstellung in London 1851 zum bevorzugten Schaufenster der Länder wurden, um neue Erfindungen, Produkte aus Industrie und Landwirtschaft und lokale Traditionen miteinander zu vergleichen. Getragen von der aufblühenden Unterhaltungs- und Konsumkultur wollte man damals nicht nur die Errungenschaften der verschiedenen Länder, sondern auch etwas über ihre Geschichte und Bräuche ›ausstellen‹. So wurde das *Norsk Folkemuseum* erstmalig auf der Weltausstellung von Paris präsentiert (1890), während man in Budapest 1896 ein ganzes Bauerndorf samt Einwohnern rekonstruierte und in Sankt Louis (1904) sechshundert Veteranen Ereignisse des wenige Jahre zuvor ausgetragenen Burenkrieges nachstellen ließ. In beiden Fällen, sowohl bei den ephemeren Repliken der Weltausstellungen als auch den permanenten Einrichtungen in den Themenparks, muss für den Zugang zu Geschichte und Geographie gezahlt werden – nur dass der Themenpark einen noch höheren Grad an Verfälschung des Originals aufweist.

Diese Manipulation der Geschichte erreicht ihren Höhepunkt in der Verbreitung von Themenparks in Fernost. Während der amerikanische *theme park* den Mangel an historischen Orten ausgleichen will, die sich als kulturelles Gedächtnis und Tourismusmagnet eignen, ersetzt der Themenpark in China die eigene Geschichte durch eine andere: »Asien als solches ist dabei, zu verschwinden, es entwickelt sich gerade zu einer Art gigantischem Themenpark, in dem die Bewohner des Ortes sich wie Touristen bewegen« (Koolhaas). Laut Ian Buruma sind die von Deng Xiao Ping gewollten *Special Economic Zones* wie Shenzhen geradezu als

> »Themenparks des Kapitalismus konzipiert, die mehr ein Lebensmodell zur Schau stellen sollten, als dass sie auf reale wirtschaftliche und soziale Anforderungen reagierten. Diese ›Enklaven‹ waren so zu konstruieren, dass sie wie reiche, vibrierende Großstädte erscheinen würden, in der alle Geschäfte machen wollen, auch wenn die Hälfte der Wolkenkratzer leer stand und auf den Autobahnen kaum Autos unterwegs waren« (›Asia World‹, in: *The New York Review of Books*, 12. Juni 2003).

In einer dramatischen Umkehrung von Werten und Praktiken reproduzieren Themenparks wie diese nicht die Vergangenheit, sondern richten die Zukunft neu aus. Anders als in Williamsburg wird nicht das plausible Aussehen eines historischen Stadtkerns repliziert, der sich im Jahr 1770 an dieser Stelle befand: Shenzhen übernimmt einfach *en bloc* die fremde, räumlich weit entlegene *forma urbis* einer typisch amerikanischen Stadt. Hier werden keine Gebäude einer bestimmten Stadt kopiert, sondern eine Art *Pleasantville* oder *Seahaven*, die Stadt aus der *Truman Show*, als authentisch angepriesen – ein Szenario, mit dem sich die Verhaltensweisen und die Mentalität der Chinesen beeinflussen und auf die gängigen Marktpraktiken ausrichten lassen. Dengs *Enklaven* sind die Brutstätten der chinesischen Megalopolen von heute. Sie erinnern damit an den *Luna Park* auf Coney Island (1903), wo Frederic Thompson Konzepte der Weltausstellung von Chicago (1983) weiterentwickelte, eine Skyline aus 1221 Türmen, Minaretten und Kuppeln schuf, welche die Hochhaussilhouette von Manhattan vorwegnahm. »Thompson hat die allererste *Stadt der Türme* gebaut, ohne Funktion, abgesehen von der, die Phantasie anzuheizen und jede erkennbare irdische Wirklichkeit zu verbannen« (Koolhaas).

Als Entwürfe für die Zukunft können Themenparks auch die Nostalgie nach einer wie auch immer gearteten Vergangenheit ausdrücken. In der Nachbarschaft von Chongqing, diesem Wald aus Wolkenkratzern mit seinen 32 Millionen Einwohnern, wird zurzeit an einer Kopie von San Gimignano gebaut, 253 Hektar ›toskanische‹ Landschaft, die den Rahmen für ein gigantisches Einkaufszentrum bilden soll. Wie ein in homöopathischen Dosen verabreichtes Arzneimittel wird die Beschaulichkeit einer europäischen Scheinwelt heraufbeschworen, um einen Ausgleich zur realen Verstopfung in der an Amerika orientierten Megastadt zu schaffen; solange man dort nicht nur der bloßen Zerstreuung, sondern vor allem einer rauschhaften Kauflust frönt. Dieses »*Outlet* der Geschichte, eine *Mall* mit ›Kultur‹, wo es keine echten Einwohner, nur Kunden gibt«, wie der Kunsthistoriker Tomaso Montanari schrieb, ist keine exotische Verirrung, wenn man bedenkt, dass Architekten aus Pisa den Entwurf verantworten. Es handelt sich vielmehr um die Kehrseite der in Italien seit rund zwanzig Jahren populären Slogans, mit denen historische Städte als *centri commerciali naturali* (»natürlich gewachsene Einkaufszentren«) beworben werden (die Region Toskana hat 2010 einen *Bericht über die Wirksamkeit der natürlich gewachsenen Einkaufszentren* vorgelegt, die Region Kampanien 2009 ein entsprechendes Gesetz verabschiedet).

Auch Disneyland ist eine Art Hyper-Themenpark. Entstanden 1955 in Kalifornien, hat es sich in immer größerer Form selbst dupliziert, 1971 in Florida, 1983 in Tokyo, 1992 in Paris, 2005 in Hongkong und zuletzt, noch im Bau, in Shanghai. Der Kunstkritiker Louis Marin nannte Disneyland »eine gewaltige und dislozierte Metapher des Darstellungs- und Wertesystems, das es so nur in der amerikanischen Gesellschaft gibt«. Disneyland vermischt das Bekannte mit dem Unbekannten, das Phantastische mit dem Realen, die Zeichentrickfiguren mit den Besuchern aus Fleisch und Blut, die Straße in der Stadt mit dem Einkaufszentrum, Paris mit der Main Street U.S.A. Die (ausgewiesene) Fiktion verlangt von den Touristen, ihre Rolle mit bedingungsloser Passivität nach dem immer gleichen Drehbuch zu spielen: parken, Eintrittskarte kaufen, im Park umherstreifen und entscheiden, in welche Attraktion man hineingehen möchte, sich mitreißen lassen und zwischendurch, natürlich, ein wenig dem Shopping frönen. Disneyland ist dort ehrlicher, wo es erklärtermaßen fiktive Bereiche anbietet (das Haus von Mickey Mouse), weniger ehrlich, wo es das Erlebnis einer Straße in Paris suggeriert, so als befände man sich im Winkel eines Themenparks. Zwischen der ephemeren Erfahrung des Besuchers in einem Themenpark und der täglichen Erfahrung derjenigen, die in einem Venedig-Imitat leben, gibt es eine gemeinsame Ebene: die Idee, dass die Geschichte, die Architektur und die *forma urbis* gleichermaßen Ware sind, die dank geeigneter Vervielfachungstechniken in Umlauf gebracht (verkauft und gekauft) werden können.

Diese soziokulturellen Praktiken erinnern an andere Simulationen, wie das Einbrechen der virtuellen Realität in die Welt der Museen und die Strategien der Forschung. *Do Museums Still Need Objects?*, fragt der amerikanische Historiker Steven Conn im Titel seines 2010 erschienenen Buches und führt aus, dass mit dem zunehmenden Schwinden des »Vertrauens in die Macht der Objekte, Wissen, Bedeutung und Verständnis vermitteln zu können«, auch deren Zahl in den Ausstellungsräumen der Museen abnimmt, während informative Apparate immer mehr Raum und Gewicht erhalten. Die neuartige Museumserfahrung bedarf der Technologie, um über Geschichte zu reden, sie privilegiert virtuelle Darstellungen, spricht Bildern auf einem Bildschirm oder Mobiltelefon einen Wahrheitsgrad und eine Intensität der Erfahrung zu, die sie nicht als gleichwertige Sache in Auseinandersetzung mit der ›echten‹ anbieten, ihr vielmehr überlegen sein wollen. Sie erlauben Manipulationen (zum Beispiel das Vergrößern eines Details), Wiederholung der direkten Betrachtung (auch nach dem Museumsbesuch), Archivierung der flüchtigen Eindrücke, den Austausch von Meinungen über Facebook und andere soziale Netzwerke. Das Kunstobjekt wird von dieser angereicherten virtuellen Realität zwar nicht geschluckt, aber immer häufiger als bloßer Auslöser eines sensuellen und intellektuellen Prozesses verstanden, der vorwiegend andernorts abläuft.

Wenn wir zum Beispiel Velázquez Gemälde *Las Meninas* nehmen, so findet, sagen wir einmal, 20 Prozent der Betrachtererfahrung vor dem Bild im Prado statt; 80 Prozent jedoch wird auf das Smartphone, das iPad in ein Labyrinth von interaktiven Verfahrensweisen umgeleitet, die bis *dato* unbekannte Formen der Aneignung ermöglichen. »In einer mediengesättigten und extrem konsumbezogenen Gesellschaft können die Objekte an sich langweilig und träge erscheinen« (Conn), weshalb die Museen, um mit anderen Unterhaltungsformen konkurrieren zu können, sich über die elektronische Virtualisierung neu definieren. Parallel dazu ist heute die Cyber-Archäologie in Mode gekommen, eine Forschungspraxis, die nicht länger die historische Interpretation von Ausgrabungsdaten favorisiert, sondern ihre entsprechende Aufbereitung zur Erzeugung einer virtuellen Simulation von archäologischen Stätten. Die Entwicklung von Technologien der Datenverarbeitung tendiert dazu, nun zum eigentlichen Forschungsgegenstand zu werden; und anstatt mit Vasenfragmenten zu hantieren, die bei einer Ausgrabung zutage gefördert wurden, kombiniert der Archäologe die bits und bytes seiner umfangreichen Datenbanken. Illusion tritt an die Stelle von Reflexion, die virtuelle Verdopplung stößt die historische Analyse vom Thron. Die irreduzible Vielfalt der Vergangenheit verwässert zu einer fragwürdigen Bastelarbeit im Zeichen des Gegenwartswahns.

Wir müssen uns also fragen, ob auch eine historisch gewachsene Stadt, ob auch Venedig bereits so »langweilig und träge« wirken kann wie, laut Conn, die Objekte in einem Museum unserer »mediengesättigten und extrem konsumbezogenen Gesellschaft«. Müssen wir auch in Venedig, um gegen die Langeweile des Originals anzukämpfen, auf die heitere Unbeschwertheit der Kopie zurückgreifen?

Wahrheit des Simulacrums

›Simulation‹ ist das Schlagwort, das sich wie ein roter Faden durch diese gewaltige kulturelle Transformation zieht. Sie schließt mehrere Ebenen virtueller Realität und verschiedene

Verfahren physischer Reproduktion von Monumenten und historischen Städten ein: Es ist uns möglich, ausgewählte Teile von Venedig in ›Fleisch und Blut‹ in einem Spielkasino in Las Vegas oder einem Stadtviertel von Istanbul wiederauferstehen zu lassen, man kann es aber auch in die Form einer *virtual city* gießen, wo jeder in der Abgeschiedenheit seines Zimmers den eigenen Avatar hin und her bewegt.

Wir dürfen diese Tendenz weder auf eine flüchtige Mode reduzieren noch als Tribut an Marktmechanismen und die alles beherrschenden Technologien ansehen. Mindestens ebenso bedeutsam ist nämlich ein weiterer Faktor, der im selben Maße charakteristisch ist für unsere Zeit: der Drang zur Entdeckung der Vielfalt, den die globale Erweiterung unserer Horizonte in uns geweckt hat. Eine Antwort auf dieses Bedürfnis, »in räumlicher und zeitlicher Ferne zu unseren alltäglichen Erfahrungen nach Authentizität und Wahrheit zu suchen«, wie es der Architekt und Städteplaner Nezar AlSayyad aus Berkeley beschrieb, liefert denn auch der Massentourismus. In einer unerwarteten Metamorphose hat er die obsolet gewordenen Praktiken der *Grand Tour* an eine unüberschaubare Menge von *petits touristes* abgetreten. Dieses langsame Reisen, das früher nur den gebildetsten Kreisen der *élites* vorbehalten war (entsprechend vorbereitet und begleitet von fieberhafter Lektüre, angeleitet von Privatlehrern, untermalt von Tagebucheinträgen und Aquarellen), zerbricht am frenetischen Rhythmus der Tourismusindustrie. Und doch bleibt die direkte Erfahrung eines städtischen Raumes, der nicht der eigene ist, mit seinen andersartigen Wohn- und Lebensbedingungen ein essenzieller Bestandteil, wenn auch die überfallartigen Stippvisiten eine unzureichende Antwort darstellen (so halten sich 75 Prozent der Besucher von Venedig nicht mehr als einen Tag in der Stadt auf). Erinnerungsfotos, die an ihrer Quantität, nicht Qualität bemessen werden, sind nicht dazu da, ein kulturelles Interesse, sondern die rituelle Präsenz des Touristen zu belegen. Sie archivieren keine Erinnerung, sie ersetzen den Blick und das Gedächtnis. Die Venedig-Imitate von Las Vegas, Macao oder Dubai geben eine noch armseligere und deplatziertere Antwort auf das Bedürfnis nach Andersartigkeit, das im Gefälschten und Virtuellen eine zweitklassige Kompensation erfährt. Die der virtuellen Realität durchdringt alles, sie hat die Grenze zwischen Falschem und Authentischem verschoben und die Begrifflichkeiten auf den Kopf gestellt. Die virtuelle Realität kann *besser* sein als die wirkliche Welt, nicht nur weil sie einen direkteren Zugang gewährt, sondern auch weil sie standardisierte und somit leichter kommerzialisierbare Gefühle auslöst. Statt sich auf etwas Reales einzulassen oder vorzubereiten, vermag die virtuelle Dimension an die Stelle von Erfahrung zu treten. Erst recht vermögen dies die physischen Reproduktionen in Themenparks, pseudohistorischen Stadtteilen und Freilichtmuseen, die mit *authentischen* Materialien ein *falsches* norwegisches oder deutsches Dorf nachbilden.

Der Architekturprofessor Douglas Kelbaugh zitiert eine amerikanische Studentin nach ihrer Europareise folgendermaßen:

»In Disney World liegen alle europäischen Länder näher beieinander und von jedem wird nur das Beste gezeigt. Europa dagegen ist langweilig, man spricht dort viele merkwürdige Sprachen und kann tagelang herumlaufen, ohne etwas Interessantes zu sehen. In Disney World passiert immer etwas Neues und alle sind happy. Es macht einfach mehr Spaß.«

Schwer zu glauben, dass diese peinlich berührenden Worte wirklich so ausgesprochen worden sind, mit Sicherheit authentisch ist jedoch das Prinzip, das ihnen zugrunde liegt. Das Andersartige ist langweilig, das (mit einem selbst) Identische wirkt beruhigend und macht daher glücklich. Aussichtslos, dies weglächeln zu wollen, die Disneyfizierung unserer Städte schreitet mit jedem Tag voran und mit ihr die stillschweigende Verdrängung ihrer Vielgestaltigkeit, Andersartigkeit, Identität. Geschichte wird zur Marke degradiert. Auch oder besser gerade in Venedig. Vielen Beobachtern zufolge (ich zitiere hier nur eine Seite aus dem Internet, *The Ugly Side of Venice*) ähnelt das echte Venedig immer mehr seinen weltweiten Zwillingen:

»Grausige Monstrositäten in Form von gigantischen Werbeflächen bedecken die symbolträchtigen Gebäude [...], falsche Himmel und Scheingewölk plustern sich über der Seufzerbrücke [...], riesige Reklametafeln ragen hoch über dem Markusplatz auf [...]. Es ist, als wolle die Stadt uns sagen:

›kommt nicht mehr hierher‹ [...]. Die ›Serenissima‹ ist nicht länger heiter, sie ist kein Ort mehr, an den man gerne reisen möchte [...]. Steht man dann vor der Markusbasilika, glaubt man sich in Disneyland, alle sind in einer Menschenschlange zusammengedrängt.«

Den Vergleich zwischen Venedig und Disneyland hört man mittlerweile sehr oft. Zwei Beispiele sollen hier genügen. Die Zeitschrift *Urbanistica* hatte 1981 einen Artikel veröffentlicht, in dem unter anderem erklärt wird, dass »die Umwandlung Venedigs in ein *Disneyland* die Wende zu einer kreativeren, unbeschwerteren und fröhlicheren Lebensweise bezeichnen könnte«. Geschrieben hat diese Worte ein Professor der Urbanistik der Architekturfakultät in Venedig, seines Zeichens darüber hinaus sieben Jahre lang Direktor der Zeitschrift *Urbanistica* und später Mitglied im Consiglio Superiore dei Beni Culturali. Das zweite Beispiel ist eine Ankündigung, die seit Februar 2014 im Internet kursiert:

»*Veniceland,* das Disneyland in der Lagune, kommt nach Italien. Auf der Insel Sacca San Biagio will der Achterbahn-Gigant Zamperla einen Themenpark zur Geschichte und Kultur der Stadt bauen, um vor den Augen der Besucher jene Epoche wiedererstehen zu lassen, in der Venedig eine internationale Wirtschaftsmacht war.«

Die Insel, von der hier die Rede ist, liegt im *Giudecca*-Kanal, gleich vor der Haustür jenes Venedigs, das wir kennen. Um sich mit der Geschichte der *Serenissima* zu beschäftigen, genügt das alte Stadtzentrum anscheinend nicht mehr. Offenbar bedarf es eines künstlichen Venedigs, das über

»didaktische Räume für Schulen, Großbildschirme mit touchscreen, zusammen mit dem Stadtamt organisierte Veranstaltungen, einen ganzen Bereich für den Karneval, Achterbahnen, Rutschen, ein Panorama-Riesenrad« verfügt.

Vorgesehen sind Reproduktionen der Umgebungen (die typische Barenenlandschaft der Lagune) und historische Rekonstruktionen (die Schlacht von Lepanto), und das alles unter dem

Applaus der venezianischen Universität, die, wie der Rektor erklärt,

> »dem Unternehmen ihre Kompetenzen zur Verfügung stellt,
> um die Inhalte, die Historie und Umwelt betreffen, zu garantieren. Niemandem würde in den Sinn kommen, dieses Areal
> als einen Vergnügungspark zu bezeichnen.«

Der *Observer* lag also ganz richtig, als er im Juni 2006 eine Provokation lancierte: Wenn schon die Zukunft Venedigs im Billigtourismus läge, sollte man die Stadt der Disney Corporation unterstellen, die sie sicher besser führen würde als die Gemeindeverwaltung.

Niemand ist sicher vor einer solchen Fehlentwicklung. In Pompeji plant die Kommune einen *Pompeii Experimental Park*, eine Art Duplikat des offensichtlich als langweilig empfundenen archäologischen Areals. Die Idee ist nicht neu. Walter Veltroni, damals Kultusminister, regte im April 1997 die Schaffung eines *Jurassic Pompei* an »mit Gadgets, CD-ROMs, Erlebnisbegehungen und interaktiven Spielen, eine jurassische pompejische Lebenswelt, mit dem Ziel, das vom Verfall bedrohte Pompeji als archäologisches Erbe zu retten.« Und natürlich alles in größter Eile, laut eben jenem Minister würden »drei Jahre und ein Sondergesetz« dafür genügen. Und was sonst hätte sich der Bürgermeister von Rom, Gianni Alemanno, im Oktober 2008 ausdenken sollen, um dem negativen Trend der Besucherzahlen entgegenzusteuern, als ein

> »Disneyland des antiken Rom, mit virtuellen Rekonstruktionen, die es dem Besucher ermöglichen, an den Spektakeln
> im Kolosseum und den Wagenrennen im Circus Maximus
> teilzuhaben, in die Katakomben hinabzusteigen oder ein
> Bad in den Caracalla-Thermen zu nehmen«?

Diese neuen kulturellen Prägungen und Maßnahmen werden, auch in ihrer degeneriertesten Form (siehe *Veniceland*), von manchen als Produkt einer Demokratisierung der Kultur angesehen, so dass, wer sie zu kritisieren wagt, sich des Elitarismus bezichtigen lassen muss.

»In einer postnational und postpolitisch geprägten Massengesellschaft liegt die Funktion der historischen Wissenschaft nicht länger darin, eine neue Form der Erzählung durchzusetzen und ihr Anerkennung zu verschaffen, sondern im Anhäufen wissenschaftlicher Fakten und ihrer Einspeisung in eine Struktur, die man sich als ein Museum der Universalgeschichte vorstellen kann. Selbiges entspricht den Anforderungen unserer Zeit, so wie Supermärkte, Einkaufszentren, das Internet, Vielkanalfernsehen und die verschiedenen postmodernen Dekonstruktionen der traditionellen Moderne. Disneyland ist der Inbegriff, aber auch eine bedeutsame Ursache für diese postmoderne Tendenz, unsere Kultur aus einem strukturierten und bedeutungstragenden System in einen Urwald symbolischer Formen zu verwandeln, die ohne Ordnung oder Prinzip neu verpackt werden, auf dass sie allesamt unterschiedslos wie Waren konsumierbar sind. Dies ist der Geist der Zeit und niemand sollte sich der Illusion hingeben, es würde genügen, diesen *Zeitgeist* zu ignorieren, um ihn auszumerzen.« (Howard Kaminsky in: ›Medieval History Journal‹, 2003).

Die Vermarktung der Welt und das Ende der Politik akzeptieren, mit Einkaufswagen und Kreditkarte zwischen den kulturellen Errungenschaften der Vergangenheit auf Shoppingtour gehen, dies sind die Auswirkungen einer Modernität, die ohne jede Qualifikation daherkommt, die unvermeidbar ist, wie das Fortschreiten der Zeit.

Dieser brutale Gegenwartswahn setzt wie selbstverständlich voraus, dass unsere Epoche sich von einem einzigen Zeitgeist beherrschen lassen will und muss, nämlich dem des Marktes; und dass die sich in den Einkaufszentren drängenden Massen die einzig mögliche Inkarnation der (Post-) Moderne und ihrer Rituale und Werte sei, der Maßstab, nach dem Gegenwart und Zukunft zu gestalten wären. Weshalb aber setzen diejenigen, die dem Markt huldigen und mit ihm Konkurrenz und freien Wettbewerb propagieren, sämtliche Karten alternativlos auf nur einen *Zeitgeist* und versäumen es, die Möglichkeit einer Koexistenz vieler Denkweisen in Betracht zu ziehen, die miteinander konkurrieren? Warum sollte eine Massenkultur zwangsläufig auf die

Wiederholung des immer Gleichen setzen und nicht auf das Erkennen des Andersartigen? Was den Wettlauf um die Themenparks anfacht, die Wohnanlagen im Venedig-Look beseelt, die *Rialto*-Brücke multipliziert, hat nichts mit der Verbreitung einer demokratischen Kultur zu tun, sondern bedeutet nichts anderes als das Aufnötigen einer standardisierten und sterilen Version des Vergangenen und Andersartigen. Keine glückselige Gleichheit der Massen, sondern das alte Laster der privilegierten Klassen, die sich das Authentische als Privatvergnügen vorbehalten und dem gemeinen Volk lediglich die blassen Imitationen anbieten, die sie mit paternalistischer Geste als Geschenk ausgeben. Hierin zeigt sich nicht ein Interesse am Fremden, sondern das Verlangen, das Fremde zu absorbieren, es zu kommerzialisieren und zu neutralisieren, damit es nicht als Alternative zur dominanten Monokultur gewertet werden kann. *History sells* ist gesagt und oft wiederholt worden. Ja, solange sie als Ware verpackt daherkommt. Solange sie nur buchstäblich konsumierbar ist.

Bereits der Akt des Auswählens weniger Monumente, die als ›authentischer‹ Ausschnitt Venedigs angepriesen werden, entlarvt den autoritären Mechanismus, der diese ›demokratischen‹ Operationen steuert. Wird am einen Ende entschieden, was als konventionelle und verknappte Darstellung Venedigs zu gelten hat, so stehen am anderen Ende diejenigen, die diese Entscheidung über sich ergehen lassen müssen, mehr noch, die man davon überzeugt, für die Nutzung des Resultats zu bezahlen. Dieser selektive und willkürliche Eingriff in das Kontinuum von Kunst und Geschichte setzt der Wirklichkeit einen potenten Filter auf, der ihre Komplexität zunichtemacht und den Gesamtzusammenhang verfälscht. Dieser Filter führt nicht zu einer Anerkennung der Andersartigkeit, sondern zu einer Einverleibung des Anderen in das Territorium des ewig Gleichen. Er unterstellt das Wahre dem Falschen, das Komplexe dem Einfachen, den langen Zeitraum dem Ephemeren. Er inszeniert kulturelle Diversität, aber nur um mittels Simulation von ihr Besitz zu ergreifen und sie korrumpierend zum Verkauf anzubieten. Allein, von der Simulation zum Simulacrum ist es nur ein kleiner Schritt; und »das Simulacrum ist nie das, was die Wahrheit verbirgt; es ist die Wahrheit, die verbirgt, dass es keine gibt. Das Simulacrum ist wahr« (Baudrillard).

Dass beim Klonen von Venedig im völlig anderen Amerika oder China ein solcher Mechanismus kultureller Manipulation zum Tragen kommt, ist unvermeidlich und wird wieder geschehen. Und *Venezia ipsissima*? Man könnte meinen, der Ruhm der Lagunenstadt und ihre phänomenale Andersartigkeit müssten mit jeder neuen Verdopplung noch leuchtender hervortreten, aber dem ist nicht so. Der Virus der Simulation hat sich auch in Venedig eingeschlichen und unterhöhlt es wie ein Spiegel, der von dem Gesicht, das sich darin widerspiegelt, Besitz ergreift. Oder eher noch wie ein Brennspiegel, der das Licht bündelt und bricht, nicht um es zu streuen, sondern um zu verbrennen und zu zerstören. Während die Einwohner schwinden und mit ihnen das bürgerliche Bewusstsein und das kulturelle Gedächtnis, breitet sich das Hässliche, *the ugly side of Venice* aus, und man gelangt dahin, das Undenkbare zu planen, ein künstliches Venedig neben dem echten, die Wahrheit des Simulacrums, das die Wahrheit der Geschichte verschlingt und zu Bruch gehen lässt. Das in der Nachbarschaft der *Giudecca* geplante *Veniceland* ist ein besonders grausames Projekt, weil es die Kopie unmittelbar neben dem Original, gewissermaßen im Wettstreit mit ihm, entstehen lässt und damit der Stadt die Fähigkeit und Bestimmung abspricht, die eigene Geschichte selbst zu erzählen. Dieses Projekt ahmt nicht nach, sondern gibt sich – in Stein und nicht aus Pappmaché – als Verkörperung aus, im Großen und nicht im Kleinen, in der Realität und nicht in der Fiktion. *Veniceland* und Konsorten gleichen Einkaufszentren, diese Nähe impliziert jedoch, dass alles einen Preis hat, dass außerhalb des Marktes keine Werte existieren. Ja, dass ein Venedig-Fake mehr wert sein kann als das echte, weil es mit einem angemessenen Marketing beworben wird. Dieses Projekt ist gleichzeitig ein enthüllendes Indiz für ein Venedig, das dabei ist, das Bewusstsein für sich selbst zu verlieren und es zu einem hohen Preis anderswo zu suchen. So als würde diese Stadt von märchenhafter Schönheit für diejenigen, die in ihr wohnen, unsichtbar werden, oder als ob ihre Identität mit jedem Augenblick schwächer werden würde. Wie ein alter Mann auf dem Sterbebett.

Venedig wird vervielfacht und sein Bild wie bei einem zersprungenen Spiegel tausendfach gebrochen. In diesem beispiellosen

Szenario läuft es jedoch Gefahr, seine Seele und seinen Atem zu verlieren. Statt das Privileg der Einmaligkeit für sich geltend zu machen, droht es im Strudel der Verdopplungen unterzugehen. Statt Ressourcen, Ideen, Perspektiven im Gewebe der lebendigen Stadt zu bündeln, droht es sich in einem Delirium von Nachahmungen zu verlieren. Statt bürgerliches Bewusstsein und kulturelles Gedächtnis in seinen Bewohnern zu stärken, droht es Geschichte mit ›Elitarismus‹ zu verwechseln, und mit ›volkstümlicher Kultur‹ die eigene Zerstörung. An diesem Horizont zeigt sich weder Demokratie noch Politik, kein Volk, keine Bürgerschaft. Was bleibt, ist allein ein monotoner, bis aufs Skelett abgemagerter Zeitgeist, eine Art Warenbörse oder besser noch ein Suk, wo sich, was nicht zum Verkauf steht, in Nichts auflöst. So kann man, das ist wohl wahr, Venedig vervielfachen; man kann sogar vorgeben, dies im Namen der Diversität zu tun. Venedig besitzt jedoch einen Vorteil vor allen seinen Imitationen und Simulacra: es muss nicht *vorgeben*, anders zu sein, es *ist* anders.

Ränder

Was gehört zu einer Stadt? Da sind die Häuser und Menschen, die Kirchen und Plätze, die Paläste und Straßen, die öffentlichen und die privaten Räume, die Stimmen und die Lichter. Man findet das Große und das Kleine, es gibt ›ärmliches‹ Stadtgewebe, nur für eine kurze Dauer bestimmt, und die ›reichen‹ Monumentalbauten, die errichtet wurden, um die Jahrhunderte zu überdauern. Da ist der private, häusliche Bereich und ein öffentlicher, repräsentativer. Da ist der dem Ritus vorbehaltene Raum (dem religiösen wie dem politischen) und der für den Markt; der Raum für soziale Begegnungen und derjenige für Veranstaltungen, Raum für Sport, für Schule und für Kultur, Raum für die Justiz (die Gerichte) und jener für das Gesundheitswesen (die Krankenhäuser). Diese und weitere Komponenten artikulieren sich tatsächlich in allen Städten auf immer andere Weise: Diese Diversität ist es, welche die Form der Stadt zur bedeutendsten, vielseitigsten und vielversprechendsten kulturellen Errungenschaft der Menschheitsgeschichte macht.

Jede Stadt ist Schauplatz der Geschichte und der Erinnerung, Gesamtkunstwerk und Repertoire an Formen und Schemata, Archiv für Krieg und Frieden, Spiegel der Politik und Katalysator für Literatur, Moralität und Erkenntnis. Aber jede einzelne von ihnen tut dies auf ihre Weise und jede von ihnen strukturiert sich in einem fort um, erfindet sich neu, wird aus sich selbst heraus wiedergeboren. Der ganze Reichtum der *forma urbis* gründet auf ihrer Diversität, auf den Abweichungen, die eine Stadt von jeder anderen abhebt, von jeder anderen unterscheidet. Die Stadt-Form setzt zwar den Gesamtzusammenhang aller Städte voraus, niemals jedoch stimmt sie mit einer anderen überein. Keine Stadt, die nicht ganz eigene, unwiederholbare Wesensmerkmale besitzt. In tausend Varianten zeichnen weiträumige Karten auf, wie die Stadt war, wie sie ist und wie sie sein könnte: griechische Polis und römische Kolonie, mittelalterliche Gemeinde oder eine holländische, chinesische, amerikanische Stadt; eine Stadt des Handels, eine der Industrie, eine postindustrielle Stadt.

Typologien und Klassifikationen jeder Art jagen einander nicht nur in der Forschungsliteratur, sondern auch in der alltäglichen Sprache. Und doch treten neben dem all dem Veränderlichen in der Idee von Stadt einige Konstanten auf, allen voran die Hierarchisierung der Räume und die Unterscheidung der Funktionen, was Henri Lefebvre die »Produktion des sozialen Raumes« genannt hat. Diese ist das Resultat ökonomischer, politischer und kultureller Prozesse, Leitlinien, die durch ihre Überschneidungen die Gleichgewichte zwischen dem Öffentlichen und dem Privaten, dem Religiösen und dem Weltlichen, dem Funktionalen und dem Symbolischen verändern. Jede Stadt erzeugt mit der Zeit eine ureigene Aufteilung und Signifikanz des Raumes, welche die ›unsichtbare Stadt‹ mit ihren Erzählungen, Kenntnissen und Ritualen widerspiegeln. Der urbane Raum umhüllt und konditioniert den Körper desjenigen, der ihn bewohnt, er durchtränkt seine Erinnerung, reflektiert seine Werte und Gedanken, sein Gedächtnis, seinen Lebensplan. Sichtbare und unsichtbare Stadt durchdringen sich gegenseitig wie Seele und Körper. Und darum ist es heute von vitaler Bedeutung, dass in die Seele der Stadt uneingeschränkt all jene vordringen, die ihren Körper bewohnen, auch die neu Zugewanderten, die neuen Europäer von heute und von morgen.

Eine zweite Konstante im urbanen Raum ist die Definition einer Begrenzung, eines Randes, hinter dem die Stadt aufhört und etwas anderes beginnt. Die historische Stadt ist ihrem Wesen nach abgeschlossen, ob sie nun von einem Mauerring umgeben wird oder nicht. Die Geste, mit der Romulus in die nackte Erde jene Furche pflügt, die Rom umschließen wird, besitzt die Beweiskraft eines *exemplums*: Die Stadt ist so, weil sie einen zeitlichen Beginn und eine räumliche Begrenzung hat; weil sie an einem ganz bestimmten Tag gegründet wird, man dazu bestimmte Gesten und Riten verrichtet, weil sie beseelt ist von einer städtischen Intention, die auf einer Prophezeiung (oder Spekulation) über die ›richtigen‹ Ausmaße beruht. Jede spätere Erweiterung (in Rom die Servianische Mauer, die Aurelianische Mauer, der Stadtautobahnring *Grande Raccordo Anulare*) entspricht einer neuen Grenze, einer Neueinschätzung des Lebens in der Stadt als Organismus von Gebäuden und Menschen. Doch der soziale Raum der Städte »wird in die Natur eingeschrieben« (Lefebvre): Die Stadt findet ihre Begrenzung in der ländlichen Umgebung, in dem natürlichen Raum, von dem sie sich ein Stück geraubt hat und der ihren notwendigen Horizont bildet.

Die historische Stadt wird von einer doppelten Beziehung geprägt: die zum menschlichen Körper (dem ihrer Bewohner) und die zur Natur (dem ländlichen Umland). Das Größenverhältnis zum Körper des Bewohners legt fest, was in einer Stadt ›klein‹ ist (ein Haus) und was ›groß‹ (die Paläste der Macht, die Stätten für das Gebet, die Heiligtümer des Marktes). Machtarchitekturen, vom Herrscherpalast bis hin zum Wolkenkratzer einer Bank oder eines Firmensitzes, zeugen von der Absicht, den Körper und den Willen des Einzelnen zu unterjochen, indem sie auf einen Effekt der Unterordnung abzielen. Die die Stadt umgebende Natur schlägt auf der Seite des ›Großen‹ zu Buche, vielmehr noch des Gigantischen. Die amerikanische Ästhetikprofessorin Susan Stewart schrieb 1984:

>»Unsere grundlegendste Beziehung zum Gigantischen artikuliert sich in unserer Beziehung zur Landschaft, in unserer unmittelbaren und erlebten Beziehung zur Natur, so wie sie uns ›umgibt‹. Unsere Position hier ist die Antithese zu unserer Position in Bezug auf das Miniaturhafte; wir sind vom

Gigantischen umhüllt, von ihm umgeben, in seinem Schatten eingeschlossen. [...] Wir bewegen uns durch die Landschaft; sie bewegt sich nicht durch uns. Diese Beziehung zur Landschaft kommt am häufigsten durch abstrakte Projektionen des Körpers auf die natürliche Welt zum Ausdruck.« (*On Longing. Narratives of the Miniature, the Gigantic, the Souvenir, the Collection*).

Das natürlich Gigantische (die Landschaft) gehört allen und gewinnt deshalb das Gleichgewicht zwischen Natur und Kultur wieder zurück, das in der Hierarchie der urbanen Architekturen fortwährend unterwandert wird.

Der Rand, an dem die Stadt aufhört, ist wesentlich, um ihre Geschlossenheit und ihren Zusammenhang deutlich zu machen; er ist aber auch wesentlich, um die Grenze zum natürlichen Umfeld zu zeigen und den Horizont zu einer radikalen Gleichförmigkeit. In der italienischen Tradition war der Stadtrand über Jahrhunderte mit der konkreten Erfahrung des städtischen Bürgers verknüpft, der seinen Weg aus der Stadt hinaus aufs Land (und umgekehrt) als einen langsamen und fast unmerklichen Übergang erlebte. Dieser natürliche Wechsel wurde getragen von dem Anblick der Bewunderung abringenden, von Menschenhand bestellten Kulturlandschaft einerseits und der massiven Kompaktheit des Stadtbildes andererseits, das schon aus weiter Ferne zu sehen sein sollte (auch deshalb waren Bautätigkeiten in einem breiten Streifen außerhalb der Stadtmauern verboten, so zum Beispiel mittels Gesetzen, die 1531 in Florenz und 1566 in Neapel erlassen wurden).

Das Auslöschen der Ränder, das mit der systematischen Zerstörung der Ringmauern vieler Städte zwischen Ende des 19. und Anfang des 20. Jahrhunderts begann, hat zu einer dramatischen Umkehrung der Perspektive geführt. Um unsere Städte sind unförmige Peripherien gewachsen, die sich ölteppichgleich ausbreiten, »die historischen Städte in tödlicher Umarmung umklammern und sie in den generellen Verfall einbeziehen«, so der Restaurator Bruno Zanardi. Heute lebt ein Fünftel der Italiener (morgen wird es ein Drittel sein) in einem Wohnumfeld, aus dem die Hierarchisierung der Räume, die Unterscheidung der Funktionen, das Nebeneinander von

Privatem und Öffentlichem, des Häuslichen und Repräsentativen, des Kleinen und Großen, von Vergangenheit und Gegenwart, von Kultur und Natur verbannt wurde. Fossiliengleiche Überreste haben hier und da überdauert, aber selbst ein hochentwickelter archäologischer Verstand hat Mühe, den Rand, den Übergang zwischen Stadt und Umland genau zu bestimmen. Anstelle eines bürgerlichen Bewusstseins, der kollektiven Identität, der sich Schicht um Schicht ansammelnden Gedanken und Wünsche gelten dem neuen städtischen Randgebiet Immobilienrendite und Bauspekulation als einzig gültiges Richtmaß. Es ist Zeit, »das stetige Ausweiten der Peripherien einzudämmen und den Städten ihre Grenzen wiederzugeben« und gleichzeitig »historische Stadt und Peripherie miteinander zu verschweißen« (Zanardi). Indem man ihre Funktionen untersucht, können Muster des Lebens rekonstruiert werden, in denen Stadt und Zugehörigkeit zur Stadt wieder in Beziehung zueinander gesetzt sind.

Einzigartig und unerreicht auch hierin, befindet sich Venedig immer noch innerhalb seiner Mauern aus Wasser. So bezeichnet finden sie sich in dem sogenannten *Edikt des Egnazio*, einer Inschrift aus dem 16. Jahrhundert (heute im *Museo Correr*), die auf den Humanisten Giovanni Battista Cipelli, genannt Egnazio (1478–1556), zurückgeht, einen Freund von Aldo Manuzio und Erasmus von Rotterdam:

> »Venedig, auf göttliches Geheiß in den Fluten gegründet, von Wasser umgeben, von Mauern aus Wasser geschützt. Wer immer es wagen sollte, den öffentlichen Gewässern Schaden zuzufügen, soll nicht geringer bestraft werden als der, der die Mauern der Vaterstadt beschädigt. Dieses Edikt hat ewige Gültigkeit.«

Der feierliche Duktus, der Gebrauch des Lateinischen, die in Marmor gemeißelten Versalien in antikisierendem Stil machen diese Schrift zu einem Unikum; das gilt umso mehr, als diese, obwohl es sich um kein offizielles Dokument der Republik handelte, im Amtssitz der Wasserräte, dem *Magistrato alle Acque*, ausgehängt war. Welche Absicht sich auch immer ursprünglich damit verband (eine humanistische Fälschung, vielleicht als kaiserliches Edikt getarnt?), es schärft jedenfalls den Blick für die ganz spezielle Situation Venedigs und seines ›Randes‹ – die Lagune.

Der soziale und kulturelle Raum Venedigs, die Dichte und beispiellose Originalität, ist ohne die symbiotische Beziehung zwischen Stadt und Lagune nicht denkbar. Der »Code des Raumes«, der »gleichzeitig ein architektonischer, urbaner, politischer ist, eine gemeinsame Sprache der städtischen und der ländlichen Bevölkerung, der herrschenden Schichten, der Künstler« (Lefebvre), bildet in Venedig nicht nur eine Einheit mit der Lagunenlandschaft, sondern mit einem kulturellen, künstlerischen, religiösen und ökonomischen Leben, das zu Land und zu Wasser stattfindet. Eingeschlossen in die Lagune wie eine Perle in ihre Auster, hat Venedig sie nie als Hindernis oder neutralen Raum erlebt. Über Jahrhunderte hinweg und dank der Regierungspraxis der *Serenissima* waren Stadt, Inseln und Lagune in ein Ökosystem eingebunden, in dem ein Gleichgewicht zwischen natürlicher Umwelt und menschlicher Präsenz herrschte, das ohnegleichen blieb. Die Lagune, als Existenzgrundlage der Stadt, hat sich im Laufe der Zeit mit ihr verändert, wie in einem Wechselgesang spiegelt sie ihre Schönheit und Geschichte – ohne sie würde die Stimme Venedigs verstummen.

Spätestens seit dem 16. Jahrhundert zeigen kartographische Ansichten von Venedig die Stadt im Zentrum einer sie vom Meer abtrennenden breiten Sandbank, in einem Lagunenbecken voller Inseln, jede mit Feldern bestellt und einem Glockenturm bestückt. 1505 wurde das für die Wasserwege zuständige Amt des *Magistrato alle Acque* gegründet, das unablässig Kanäle ausheben, Hafenmündungen öffnen oder Wasserbecken verlegen ließ. Aber die alten Gleichgewichte haben sich unter dem kombinierten Einfluss der Entwicklung von Industrie- und Wohnungsbau zwischen Marghera und Mestre (die zu einem niedrigeren Grundwasserspiegel geführt haben), durch die Absenkung des Meeresbodens, die Entstehung schiffbarer Kanäle, darunter der folgenschwere Bau des *Canale dei Petroli*, und durch Barrieren zwischen Lagune und Festland nachhaltig verschoben. Wenn wir die Ordnung der Lagune nicht weiter »durcheinanderbringen« wollen (*Confondere la laguna*, 2013), so Lidia Fersuoch, Vorsitzende der Umweltschutzorganisation *Italia Nostra*, ist es von vitaler Bedeutung, diesen zusehenden Verfall aufzuhalten. Das Verbliebene muss geschützt werden, angefangen bei den *Barene*, diesen halbüberspülten Schwemmböden, die den natürlichen Übergang zwischen Land und Wasser bilden, das Hochwasser regulieren und reichen Beständen von Salzpflanzen Raum bieten. Sie regenerieren sich ständig und fangen die von den Strömungen aufgewirbelten Sedimente ein. Doch heute sind bereits ganze Laguneninseln wie Madonna del Monte, San Giacomo in Palude oder San Giorgio in Alga aufgegeben und liegen brach.

Wird die Metamorphose Italiens von einem Land der Städte in eines der schwammigen Peripherien auch die Einzigartigkeit Venedigs aushöhlen? Die bürokratische Erfindung der ›Stadtmetropolen‹ (*città metropolitane*), die durch einen Änderungsantrag sogar bis in die Verfassung vorgedrungen ist (2001), sanktioniert den Triumphzug des *urban sprawl* und propagiert ihn als tragenden Unterbau des Wohngefüges in unserem Land. Aber wir sind noch weitergegangen, haben Peripherien *ex novo* erdacht, die sich den Namen ›Stadt‹ widerrechtlich angeeignet haben, aber nur entstehen, um den Tod einer historischen Stadt zu legitimieren. In L'Aquila ist eine Naturkatastrophe politisch ausgenutzt worden für ein zynisches Experiment der Zerstörung: nicht nur der historischen Altstadt, sondern ihres gesamten sozialen Gefüges und ihrer Seele. Bei der Umsetzung dieser Operation hat man auf eine andere Sprache zurückgegriffen und die rings um die seit dem 6. April 2009 erdbebenverwüstete Stadt entstandenen Schlafburgen *new towns* genannt.

Wie viele Städte entstand L'Aquila aus einem Zusammenschluss verstreuter Ansiedlungen, als sich die Bewohner der abruzzesischen Burgen im 13. Jahrhundert eine dynamischere Organisation geben wollten und dafür eine neue Stadt gründeten. Im Griechischen gibt es für diesen Prozess der Aggregation einen schönes Wort: Synoikismus – *synoikismós*. Darin steckt das Wort *oikos*, mit dem einerseits das Haus des Einzelnen, aber auch das gemeinsame Haus von allen, die Haus- und Stadtgemeinschaft bezeichnet wird und aus dem sich Begriffe wie Ökonomie und Ökologie ableiten. Durch Synoikismus (›Zusammenlegung von Ortschaften‹) entstanden der Geschichte beziehungsweise Legende zufolge sowohl Athen als auch Rom; in L'Aquila, Inbegriff des Synoikismus im italienischen Mittelalter, bewahrten die ›neunundneunzig Burgen‹, die in die Stadt einflossen, in Kirchen, in den Namen der Viertel und Straßen, im kollektiven Gedächtnis ihren ursprünglichen und identitätsstiftenden Kern, und zwar infolge eines historischen und bürgerlichen Prozesses, der zur Ausbildung einer europäischen Idee von Stadt als Lebensgemeinschaft, als Gemeinschaft wirtschaftlicher Aktivitäten und kultureller Handlungen beigetragen hat.

Die ehrwürdige Geschichte dieser Stadt ist nicht durch das Erdbeben zerrüttet und entstellt worden, sondern von Menschen. Nach dem Beben machte es die Situation erforderlich, die Bewohner außerhalb der baufälligen Gebäude der Altstadt aufzufangen. In solchen Fällen hat man sich in der Vergangenheit mit temporären Unterkünften beholfen und zugleich unverzüglich mit dem Wiederaufbau der Stadt begonnen. In L'Aquila ist das Gegenteil geschehen: Die Altstadt wurde geräumt und ihrem Schicksal überlassen, und um sie herum hat man einen Ring von neunzehn Satelliten-Städten errichtet, nicht-urbane Zentren, in denen es keine Bar, keinen Zeitschriftenkiosk, keine Platzanlage, keine Schule, Kirche oder sonst eine Begegnungsstätte gibt. Schlafviertel, in Eile hochgezogen auf ehemals landwirtschaftlich genutzten Flächen, wo man der obdachlos gewordenen Bevölkerung Wohnungen zur Verfügung stellte, die dafür in Kauf nehmen musste, die eigenen Häuser nie wiederzusehen, nicht einmal ein Bett oder einen Tisch aus ihren alten Wohnungen in die neue mitnehmen zu dürfen (dafür ist kein Platz, auch das Mobiliar wurde zur kostenlosen Nutzung bereitgestellt), die hinnehmen muss, dass das Gewebe ihrer Gemeinschaft zersetzt wird. Diese Amputation des Gedächtnisses und der Gemeinschaft folgt einem bewussten Plan: die historische Altstadt aufgeben und an ihrer statt dauerhafte Neustädte errichten, die nichts anderes als weitere Nicht-Städte sind.

Was heute von L'Aquila geblieben ist: ein entvölkertes Altstadtzentrum, wo auf wenigen Baustellen das eine oder andere Baudenkmal restauriert wird, die Häuser jedoch leer stehen. Der antike Synoikismus, die geplante und angeordnete Zusammenlegung von Dörfern zu einer Stadt, wird in sein Gegenteil verkehrt. Auch der Prozess der Zersetzung eines urbanen Gewebes und seiner sozialen Strukturen lässt sich mit einem griechischen Wort beschreiben, *exoikismós*. Das Wort entstammt dem biblisch-patristischen Sprachgebrauch, wo es zur Umschreibung der jüdischen Diaspora benutzt wird (lateinisch *transmigratio*). Das zugehörige Verb, *exoikízo*, wird im Griechischen (zum Beispiel bei Platon) zur Bezeichnung des politischen Aktes der Vertreibung der Einwohner aus ihrer Stadt eingesetzt und kann auch metaphorisch verwendet werden. So erklärt Platon im *Gorgias*, dass die Rechtswahrheit aus dem Staat verbannt (*exoikisthéisa*) werden könne.

Worte sind Programm, Worte legen Beichte ab, Worte sind Steine. Was bedeutet *new towns*? Warum auf Englisch? Nicht nur der übliche provinzielle Tribut an die führende Weltsprache; in der Verwendung des Ausdrucks kommt ein noch offensiveres Moment zum Tragen (derselbe Ausdruck wurde im Projekt *Aqualta* 2060 für den Kranz aus Wolkenkratzern benutzt, den man rings um Venedig entstehen lassen wollte). Tatsächlich handelte es sich bei den *new towns* um ein interessantes urbanistisches Projekt in Großbritannien, dessen Beginn der *New Towns Act* (1946) markierte, in dem die Idee einer Gartenstadt weiterentwickelt wurde, die auf einen 1898 formulierten Vorschlag von Ebenezer Howard zurückging. Die ersten englischen *new towns* waren Siedlungen mit geringer Bevölkerungsdichte, die wie ein Ring um London herum angelegt waren, das Wachstum regulieren und die Verstädterung einschränken sollten. Sie waren als Orte des sozialen Lebens konzipiert, im Zentrum waren Einkaufsstraßen und Bereiche für Dienstleistung und das Gemeinschaftsleben vorgesehen. Ringförmig um das Zentrum zogen sich Parks und Wohnviertel, in denen jedes Haus über einen eigenen Garten verfügte. Für eine schnelle öffentliche Anbindung an London war gesorgt, ein harmonisches Gleichgewicht zwischen Stadt und ländlichem Umland das Ziel. Dieses Experiment war in Italien durchaus bekannt, dank der Veröffentlichung eines Buches von L. Rodwin *The British new towns: policy, problems, and implications* (1956), das 1964 in italienischer Übersetzung erschien (*Le città nuove inglesi*).

In London also Integration von Stadt und Umland, in L'Aquila die Zerstörung seines Ackerlandes. In London Gartenstädte mit ausgewogen verteiltem öffentlichem und privatem Grün, in L'Aquila Schlafburgen. In London die Planung von Gemeinschaftsräumen, in L'Aquila die Zerstörung des

Gemeinschaftslebens. Ein trauriges Schicksal, wenn man bedenkt, dass die mittelalterlichen Statuten von L'Aquila den Einwohnern vorschrieben, zunächst die öffentlichen Bereiche (den Hauptplatz, den Brunnen, die Kirche) kollektiv (*uti socii*) zu realisieren, bevor sich jeder Einzelne *(uti singuli)* in seinem eigenen Haus niederließ. Die Diskrepanz zwischen dieser Verfügung aus dem 13. Jahrhundert und der Barbarei der seelenlosen *new towns* muss nicht weiter kommentiert werden. Aber allein die Bezeichnung *new towns* ist verlogen und blasphemisch, das englische Experiment ähnelt viel mehr einem L'Aquila des 13. Jahrhunderts als einem des 21. Dabei gab es auch in Italien den einen oder anderen positiven Vorläufer solcher *ex novo* geplanten Ortschaften, angefangen bei dem Stadtviertel, das der Unternehmer Alessandro Rossi in Schio (1870–1872) realisierte, bis zu den Dörfern Crespi d'Adda (1875–1893) und San Carlo Solvay (1922), die durchweg mit Schulen und sozialen Einrichtungen konzipiert wurden. Und als der Energiekonzern Eni in San Donato Milanese eine Niederlassung eröffnete, stellte das Unternehmen in der ›Neuen Stadt‹ »Häuser mit drei Zimmern und Bad für die Arbeiter zur Verfügung, dazu Tennisplätze, Schwimmbäder, ein Stadion, eine Kirche und einen kleinen Zoo für die Kinder« (der Manager Enrico Mattei, in einem Interview mit dem Journalisten Enzo Biagi 1958). Es war die entbehrungsreiche Nachkriegszeit, aber noch besaß das Land Erinnerung und kümmerte sich um die Bedürfnisse seiner Bürger. Und im Gegensatz zum heutigen Italien verstand es, die Zukunft fest im Blick, Arbeit und Wohlstand zu schaffen.

Wie die *new towns* in den Abruzzen sind Hunderte von städtischen Peripherien in ihrem unaufhörlichen Fortschreiten und ihrer Zersetzung zu Schlafburgen herabgewürdigt, sind durch das Fehlen öffentlicher Plätze und die Negierung des Gemeinschaftslebens charakterisiert. Wird es auch in Venedig so kommen? Die Zukunftsvision, die Stadt des Wassers in ein Gefängnis aus lauter Wolkenkratzern zu zwingen, ist nicht die einzige, die sie zu einem fossilen Überrest einer längst untergegangenen Weise des Zusammenlebens degradiert. Wir sehen zu, wie das historische Stadtzentrum Venedigs sich leert, während es Ströme von Venezianern in eine Peripherie auf dem Festland zieht, die sich wie ein Ölteppich ausgebreitet hat. Wir sehen zu, wie ernsthaft über die Möglichkeit diskutiert wird, Venedig zu einem von vielen Stadtteilen einer *Veneto City* zu machen. Wir sehen zu, wie hitzige Debatten über das Projekt geführt werden, in Marghera den höchsten Wolkenkratzer Italiens zu errichten. Und wir sehen der Invasion der Wolkenkratzer der Meere zu, der Kreuzfahrtriesen, die Venedig und die Lagune Tag für Tag heimsuchen. Diese und andere Ikonen einer Moderne aus dem Werbeslogan, seelenlos und ohne Zukunft, stehen drohend über der Stadt, die einst die *Serenissima*, die heiterste, ehrwürdigste aller Städte war. Sollte es uns nicht gelingen, zusammen mit Venedig seine Gewässer, mit dem Zentrum seinen Rand, mit der Geschichte der Dogen das Ökosystem der Barenenlandschaft, mit der Kunst Tizians die Mauern aus Wasser zu retten, dann ist Venedigs Zukunft diese: ein Themenpark, ein Disneyland für Touristen. An seinem Rand ein undifferenzierter Nicht-Ort, ein *new town* auf dem Festland. Und doch war die Ansiedlung von Marghera von Pietro Emilio Emmer als Gartenstadt im englischen Sinne geplant worden, die als Ausgleich und Ergänzung Seite an Seite mit dem Industriegebiet entstand. Heute muss der Niedergang der industriellen Zone als Vorwand für Heilmittel herhalten, die schlimmer sind als das Übel.

»Anscheinend können wir nicht ohne Herzeleid das Geheimnis der Dinge entdecken. Und der Wahrheit dieses tiefsten Geheimnisses« müssen wir uns demütig unterwerfen« (Orhan Pamuk). Vielleicht ist es Zeit, dass es einem beim Gedanken an Venedig schier das Herz bricht, bevor sein Schicksal sich erfüllt. Bevor es endgültig zu spät ist.

Recht auf Stadt

Auf welche Weise würde sich das Leben jedes Einzelnen von uns verändern, wenn wir mit Sicherheit wüssten, dass einen Monat nach unserem eigenen Tod die menschliche Spezies durch die Kollision der Erde mit einem Asteroiden vollständig ausgelöscht werden würde? Oder wenn wir sicher wüssten, dass die gesamte Menschheit ab morgen plötzlich zeugungsunfähig würde und zum Aussterben verdammt sei? Welchen Einfluss hätte dieses

Wissen auf unser tägliches Handeln, auf die Werte, die unsere Entscheidungen lenken, würden sie dieselben bleiben oder sich verändern und wie würden sie sich verändern? Wir alle wissen, dass unser eigener Tod unvermeidlich ist, aber wie würde jeder Einzelne von uns reagieren, wenn er nicht nur sich selbst, sondern alles menschliche Leben im Nichts verschwinden sehen würde? Diese Fragen hat Samuel Scheffler in seinem jüngsten Buch (*Death and the Afterlife*, 2013, dt. *Der Tod und das Leben danach*, 2015) eindringlich und eloquent in den Raum gestellt:

> »Unter gewissen Gesichtspunkten der Motivation und der Funktionsfähigkeit betrifft uns die Tatsache, dass wir und diejenigen, die wir lieben, sterben müssen, weniger als die Nichtexistenz künftiger Personen, die wir niemals treffen werden und die letztlich keine bestimmte Identität haben. Positiv formuliert: Die Tatsache, dass Personen auf die Welt kommen werden, die wir weder kennen noch lieben, ist für uns wichtiger als unser eigenes Überleben und das derjenigen, die wir kennen und lieben.«

Ob wir nun an die Unsterblichkeit der Seele glauben oder nicht, unsere Zivilisation gründet auf etwas, das Scheffler *collective afterlife* nennt, ein kollektives Leben über den individuellen Tod hinaus, auf dem »Überleben und der stetigen Erneuerung der Menschheit nach unserem eigenen Tod – nicht nur das Überleben von Menschen, die bereits existieren, sondern auch derjenigen, die lange nach unserem Tod geboren werden«. Wenn wir nicht besonders ausgiebig über die enorme Bedeutung dieser »kollektiven Unsterblichkeit« nachdenken, so liegt dies allein daran, dass wir sie als selbstverständlich voraussetzen: Das Gedankenexperiment über das Ende der Menschheit hilft dabei, uns dies bewusst zu machen.

Schefflers *collective afterlife* liefert einen neuen Blickwinkel in der Debatte über die Rechte der zukünftigen Generationen. Dieser mag apokalyptisch eingefärbt erscheinen, ist er aber nicht. Scheffler lädt uns zu einem Gedankenspiel ein, das gleichzeitig Gefühlsgymnastik und emotionales Training ist, um uns daran zu erinnern, dass vieles von dem, was wir tun und woran wir glauben, seinen Sinn verliert und nicht länger praktikabel ist, wenn es keine mehr oder weniger bewusste Orientierung gibt, die über unser eigenes Leben hinausweist. Über die Rechte zukünftiger Generationen wird üblicherweise unter ethischen, juristischen und politischen Gesichtspunkten diskutiert (Generationensolidarität, Gemeinwohl, individuelle und soziale Verantwortung). Ich habe dies zuletzt in meinem Buch *Azione popolare* (2012) unter Bezugnahme beispielsweise auf Nietzsches »Liebe zum Fernsten« oder das »Prinzip Verantwortung« von Hans Jonas getan. Indem Scheffler das Gewicht auf anthropologische Strukturen und auf eine individuelle und gemeinschaftliche Psychologie verlagert, rückt er das Thema aus dem Bereich der Ethik in den der Verhaltensforschung und erkennt im Sozialverhalten eine Komponente, die notwendig auf die Zukunft ausgerichtet sein muss. Der unersättliche Gegenwartsglaube, der im Namen des schnellen Profits Städte und Landschaften zerstört, ist demzufolge als soziale Pathologie anzusehen, die durch eine Erziehung zu einer Ethik der Verantwortung und der Verbindlichkeit von Gesetzen korrigiert werden müsste.

Die Stadt, gedacht zum Zusammenleben und erbaut, um zu überdauern, ist der ideale Ort für die Gestaltung der Zukunft. Die Auflösung der historischen Stadt, die einseitige Ausrichtung auf die Metropole, die Ächtung der Vielgestaltigkeit urbaner Modelle beeinflussen die Verhaltensweisen der Menschen, geben der Ausübung von Bürgerschaft eine neue Richtung vor, führen zu tiefgreifenden Veränderungen nicht nur der Städte, sondern auch in jedem öffentlichen Diskurs über Demokratie, Ökonomie und Gleichheitsstreben. Aus diesem Grund haben einige große Protestaktionen der Bevölkerung in den letzten Jahren – von Istanbul bis New York – einen ausgeprägt urbanen Charakter gezeigt. Protestieren in der Stadt, protestieren für die Stadt. Unter den Determinanten dieses neuen Bewusstseins spielt die Thematik vom *Recht auf Stadt* als Spielort der Demokratie eine zentrale Rolle. Als räumliches und strukturelles Gleichgewicht zwischen dem Gewebe aus Gebäuden und Straßen und der individuellen Würde der Bürger.

Bald fünfzig Jahre nach dem Erscheinen von Henri Lefebvres *Recht auf Stadt* im Jahr 1968 (aber noch vor den Pariser Mai-Unruhen) war es notwendig geworden, diese Betrachtung angesichts der Abwertung der urbanen Form und des aufkommenden Phänomens riesiger Ballungsräume grundsätzlich zu überdenken. *Rebel cities* von David Harvey (2012, dt. *Rebellische Städte*, 2013) bietet einen Rahmen formaler Kategorien, um für das *Recht auf Stadt* auf dem Weg über das Universum der Gemeingüter eine neue Dimension von Bürgerschaft aufzuzeigen, die sich der Souveränität der eigenen Rechte bewusst ist – ein erster Schritt, um zu verstehen, wie und von wem sie mit Füßen getreten werden, und ihre Rückeroberung zu organisieren. Die Stadt, die aufgrund ihres *Gebrauchswerts* entstanden und gewachsen ist, spiegelt die Form der Gesellschaft wider: »Folglich hat sich der Mensch […] in der Erschaffung der Stadt selbst neu erschaffen« (Robert Park). Die Vermarktlichung der Welt degradiert diesen ursprünglichen Wert und verwandelt den Gebrauchswert in *Tauschwert*: Die Stadt ist so viel wert, wie sie an Gewinn abwirft, ist folglich zum Verkauf freigegeben. Diese Krise der Stadt hat zu drastischen Umwälzungen in der menschlichen Gesellschaft geführt. Die städtische Zivilisation ist in der Tat ein Ökosystem, das Verhaltensmuster und Lebensweisen hervorbringt, die sich in eine Gesamtheit von Gegenständen, Praktiken und Werten übersetzen, die auch in nicht-urbane Bereiche (wie ländliche und gebirgige Regionen) eindringt; städtische Zivilisation ist ansteckend.

Die Trennlinie zwischen Stadt und Land verblasst immer mehr, ein Prozess, der zwei gegenläufige Richtungen nimmt, die nicht miteinander zu verwechseln sind. Auf der einen Seite bedingt die zunehmende Fettsucht der Städte, die (wie in China) Massen von Menschen in die städtischen Wohnräume ziehen, eine Auflösung der urbanen Form und eine hieraus resultierende Topographie sozialen und ökologischen Ungleichgewichts. Auch die historischen Städte werden mit trostlosen Peripherien eingeschnürt. Die horizontale Stadt wächst auf sich selbst immer weiter. Sie verschlingt die alten ländlichen Gebiete, hinterlässt jedoch massenhaft Rückstände, macht daraus eine Grauzone, die der Landschaftsarchitekt Gilles Clément als »Dritte Landschaft« definiert hat, einen »Raum der Unentschlossenheit«, aber auch der Unsicherheit, ein Raum, der belastet ist von individuellem und sozialem Stress.

Auf der anderen Seite kann die gegenseitige Durchdringung von Stadt und Land eine Kultur des Übergangs erzeugen (so geschehen in den Niederlanden), in der eine auf dem Land lebende Stadtbevölkerung und Landwirte, die städtisch geprägte Technologien nutzen, sich miteinander verschwistern. Koolhaas hat solche Zonen als *Intermedistan*, als ›Land dazwischen‹ bezeichnet, etwas, das weder Stadt noch Land ist. Dort vermischen sich letzte Vertreter einer immer stärker automatisierten Landwirtschaft mit einer Gruppe von Städtern, die auf dem Land nach einer authentischeren Lebensweise suchen. Koolhaas und andere haben dazu einen 12 x 3 Kilometer breiten Streifen untersucht, der zwischen dem historischen Amsterdam und Stad van de Zon liegt, einem 2009 eingeweihten *new town*, dessen Name eher an die intensive Nutzung von Solarenergie denn an Tommaso Campanellas 1602 verfasste Utopie eines Idealstaates (dt. *Der Sonnenstaat*) erinnert.

Diese Entwicklungen zu analysieren und zu steuern ist eine überaus dringliche Aufgabe, der die heutige Städteplanung und Raumordnung kaum gerecht werden kann. Wie ich in meinem Buch *Paesaggio Costituzione cemento* (2010) zu zeigen versucht habe, tun wir so, als ob Städte ohne Landschaft oder Landschaften ohne Städte (in Italien!) überhaupt möglich wären. Das Resultat ist eine chaotische ›dritte Landschaft‹, eine unglaubliche Verschwendung, nicht nur eine verpasste Gelegenheit.

In einer Welt im ständigen Wandel stellt das Recht auf Stadt auch ein Recht auf Landschaft, auf Natur dar. Dafür muss es das ganze Gewicht der Stadt als *Raum der Mediation*, der Vermittlung, in die Waagschale werfen:

> »Eine Zwischenebene zwischen der nahen Ordnung [...], der Beziehungen der Individuen von mehr oder weniger großen Gruppen [...] und der Gruppen untereinander, und der fernen Ordnung der Gesellschaft, die von den großen und mächtigen Institutionen (Kirche, Staat), einem Rechtskodex [...], von einer ›Kultur‹ und von Bedeutungszusammenhängen reguliert wird« (Lefebvre).

Der Körper der historischen Stadt ist kompakt, wiedererkennbar, bedeutungsvoll; er ist in sich geschlossen, dehnt sich jedoch aus wie ein lebendiger Organismus; er ist durchlässig, erlaubt es, ihn zu durchqueren, zu verstehen, ihn sich ins Gedächtnis einzuprägen. Er lädt ein, die Hierarchien von Werten und Mächten zu erkennen, erlaubt aber, diese zu verändern; wie eine Sprache greift er Neuigkeiten auf, bewahrt aber zugleich seine ureigene Struktur. Der Körper der Stadt ist Topographie der wiedererkennbaren und kodifizierten Unterschiede: Er hilft also, sich in seinen Straßen (und in der Welt) zurechtzufinden. Er vermittelt Einzigartigkeit, Würde und Identität, tritt aber mit anderen Städten (anderen singulären Realitäten, anderen Identitäten) in den Dialog; er verkörpert das Aufeinanderfolgen der Generationen und die Fortentwicklung der Institutionen; er regt zum Vergleich an und weckt Vertrautheit. So liest man im *Costituto del Comune di Siena*, der Stadtverfassung von Siena (1309), dass

> »derjenige, welcher die Stadt regiert, *zuallererst ihre Schönheit* und ihre Zierde gewährleisten muss, die wesentlich für das Entzücken der Fremden, aber auch für die Ehre und das Gedeihen der Einwohner Sienas sind«.

Der Körper der Stadt und der Körper des Bürgers stehen proportional zueinander, in einem Verhältnis, das auf *Maß* basiert. In einer alten italienischen Stadt sind das das drohende Aufragen eines Glockenturms, einer Kathedrale, eines Kommunal- oder Herrscherpalastes, die schiere Baumasse eines Klosters oder einer Universität und die Fassaden der Prachtbauten verschachtelt mit Handwerksläden, ärmeren Vierteln, Marktgässchen und Straßen, die zum Friedhof oder hinaus in die *campagna* führen, mit den Stadttoren und Stadtmauern, den Plätzen und Straßen. Diese nehmen den Bürger auf, statt ihn zu schlucken. Zuweilen überragen sie ihn, ohne ihn je zu erniedrigen. Sie künden von gesellschaftlichen Hierarchien, aber auch von Räumen der Gleichstellung (die öffentlichen Plätze, der Kräutermarkt); sie vermitteln Stabilität und sehen gleichzeitig Mobilität vor. Der Körper des Bürgers und der Körper der Stadt sind einander nicht feind, sie ergänzen und durchdringen sich. Darum ist die Stadt ein Kunstwerk und nicht nur ein materielles Produkt. Sie entsteht durch das Erschaffen von Mauern, Kirchen, Häusern, aber auch von Kultur und zwischenmenschlichen Beziehungen. Sie atmet und lebt mit den Bewohnern, die sie geschaffen haben und im Laufe der Zeit verändern, sie nährt sich von ihrem Fleisch und Blut und nährt uns mit ihren rituellen Formen, die zeitlos sind, nicht weil sie immer gleich bleiben, sondern weil sie einem ständigen Wandel unterliegen.

Das Recht auf Stadt, insofern es ein soziales Bedürfnis ist, hat ein anthropologisches Fundament: Die historische Stadt

> »begegnet dem Bedürfnis nach Sicherheit und Offenheit, dem Bedürfnis nach Gewissheit und Abenteuer, dem Bedürfnis nach der Organisation von Arbeit und Spiel, den Bedürfnissen nach Vorhersehbarem und Unvorhersehbarem, nach Einheit und Unterschiedlichkeit, nach Isolation und Begegnung, nach Tauschgeschäften und Investitionen, nach Unabhängigkeit (oder Einsamkeit) und nach Kommunikation, nach kurzfristigen und langfristigen Aussichten [...]. Sie erfüllt das Bedürfnis nach Kreativität, Information, Symbolgehalt, nach Imaginärem und spielerischer Aktivität [...]. Die spezifisch städtischen Bedürfnisse sind Bedürfnisse nach adäquaten Orten, Orte der Gleichzeitigkeit und der Begegnung« (Lefebvre).

Im Wirkungskreis der historischen Stadt kommt der Austausch von Erfahrungen, Kulturen und Emotionen *über den Ort,* nicht *über den Preis* zustande. Recht auf Stadt und Recht auf Natur sind im Grunde nicht komplementär: Sie sind *ein und dasselbe.* In einer ›Kultur des Wandels‹, wie sie den Räumen dazwischen (*Intermedistan*) eigen ist, bedeutet Recht auf städtisches Leben das Recht, dieses im Rahmen eines Projekts umzugestalten, dem die Stadt als Wiege des Andersseins und als Heimat der Unterschiede gilt. In der »soziale Möglichkeitsräume [abgesteckt werden], in denen ›etwas anderes‹ nicht nur möglich, sondern grundlegend dafür ist, welche Richtung eine revolutionäre Entwicklung nimmt« (Harvey).

Als kollektives Produkt aller gesellschaftlichen Klassen ist die Stadt ihrem Wesen nach *auf Arbeit gegründet,* auf der Arbeit vergangener Generationen und auf der Fähigkeit, Arbeit für zukünftige Generationen zu schaffen. Als Mikrokosmos und

Ideenschmiede lebt die Stadt von ihrer eigenen Vielgestaltigkeit. Ihre nicht homogene innere Beschaffenheit verstärkt ihr anthropologisches Gewicht, fesselt die Aufmerksamkeit und beseelt die Erfahrungen von Bewohnern und Fremden. Auch Gebäude, die mit der Zeit ›nutzlos‹ geworden sind (wie das Kolosseum), sind dies noch lange nicht. Sie erzählen von tiefgreifenden historischen Veränderungen, zwingen zur Auseinandersetzung mit dem anderen, erziehen zur Neugier auf andere Kulturen und Zivilisationen. Im Gegensatz zu der auf dem Planeten sich ausbreitenden flachen Monokultur der ›globalen‹ Stadt ist die historische Stadt eine Denkmaschine: um das andere selbstständig denken und damit auch über sich selbst nachdenken zu können.

Die Bürgerbewegungen, die das Recht auf Stadt einforderten, haben, wie Harvey schreibt, ihren Ursprung in Brasilien, von wo sie auf Metropolen in der ganzen Welt übergegriffen haben, von Zagreb bis nach Toronto, von Hamburg nach Los Angeles, von Bangkok nach Mexiko-Stadt, von Athen bis nach Paris. In einigen Fällen handelte es sich um städtische Erhebungen sozialer Randgruppen, die Schlüsselstellen der Stadt besetzten und »die Stadt zurückforderten, die sie verloren hatten [...], und eine Art des urbanen Lebens entwickeln [wollten], die sich von der unterschied, die ihnen von kapitalistischen Bauunternehmern und dem Staat aufgezwungen wurde«. Das Recht auf Stadt fordert deshalb kollektive Eigentumsrechte ein und lehnt die durch den Markt diktierte Enteignung ab, es fordert demokratische Kontrolle und eine Ausrichtung auf das Gemeingut: Themen, die durch die Protestbewegungen um die *urban commons*, die ›urbanen Allmenden‹, zu neuer Aktualität gelangt sind.

In Brasilien haben die Basiskämpfe im Verein mit ethischen und juristischen Überlegungen zu einer expliziten Anerkennung des Rechts auf Stadt geführt, das definiert ist als ein Recht

»auf eine nachhaltige Stadt, auf urbanen Raum, auf Wohnung, auf Abwasser- und Abfallentsorgung, auf urbane Infrastruktur, auf Transport und öffentliche Dienstleistungen und auf Arbeit und Freizeit (Muße) für die gegenwärtigen und zukünftigen Generationen; eine demokratische Verwaltung der Stadtentwicklung unter Einbeziehung der Bevölkerung und der Bürgervereine« (Gesetz 10257 aus dem Jahr 2001).

Der wesentliche Leitgedanke, in der brasilianischen Verfassung ausdrücklich bestätigt, ist es, »die volle Entwicklung der *sozialen Funktion der Stadt* und das Wohlergehen ihrer Einwohner zu garantieren« (Artikel 182), wobei das kollektive Interesse über den Rechten des Einzelnen steht und der Gebrauchswert der städtischen Räume und Gebäude Vorrang vor dem Tauschwert hat.

Die brasilianische Mobilisierung für ein Recht auf Stadt hat auf eine verfassungsrechtliche Anerkennung der sozialen Funktion von Eigentum aufsetzen können, die bereits in der Verfassung von 1988 vorgesehen war (Artikel 5, XXIII). Doch in einigen europäischen Ländern reicht die Beschäftigung mit diesem Thema noch viel weiter zurück. In der Weimarer Verfassung von 1919 heißt es unter Artikel 153 »Eigentum verpflichtet. Sein Gebrauch soll zugleich Dienst sein für das *gemeine Beste*«. Dies war der Ausgangspunkt einer leidenschaftlichen Debatte in der verfassungsgebenden Versammlung der Italienischen Republik (deren Verlauf ich in dem Band *Azione popolare*, 2012, resümiere), die in Artikel 42 unserer Verfassung mündete: »Das Privateigentum wird durch Gesetz anerkannt und gewährleistet. Art des Erwerbs und Gebrauchs von Eigentum sowie Einschränkungen, die dem Ziel dienen, die *soziale Funktion des Eigentums sicherzustellen und dieses jedermann zugänglich zu machen*, werden durch die Gesetze bestimmt.« In der verfassungsgebenden Versammlung war es der Christdemokrat Paolo Emilio Taviani, der sich in seiner Rede auf das Vorläufermodell aus Deutschland berief:

»Die Bestimmung der Bodengüter zur *gemeinschaftlichen Nutzung* ist gegenüber dem Recht auf Privateigentum vorrangig, [mehr noch] das Grundprinzip der natürlichen Wirtschaftsordnung ist das Recht der Allgemeinheit auf die *gemeinsame Nutzung* der Güter, [wobei die Verfassung] eine angemessene Wertsteigerung des nationalen Grund und Bodens im Interesse des gesamten Volkes festlegen muss […], mit dem Ziel, gerechtere soziale Verhältnisse zu schaffen.«

Ein Thema von äußerster Wichtigkeit, wie Paolo Maddalena in seiner jüngsten Publikation *Il territorio bene comune degli italiani* (2014) ausgeführt hat. In Venedig, dieser »Stadt unter den Städten« (Lefebvre) akzentuiert der Körper der Stadt den Körper des Bürgers, in einem Maß, mehr noch aber einer Anmut, die sich an keinem Ort der Welt harmonischer wiederfindet. Als kollektive Schöpfung nicht nur von Dogen und Zehnerräten, nicht nur der Edelmänner und Kaufleute, sondern auch der Handwerker und Matrosen, der Arbeiter in den Glasfabriken und in der Werft, der Männer und Frauen, der Venezianer und Slawonier, Griechen und Juden, Priester, Maler und Musiker, Tischler und Notare hat Venedig für diejenigen, die dort leben, ein kraftvolles Recht auf Stadt errungen, das hier wie sonst nirgends auch ein Recht auf Natur, auf die Unversehrtheit der Lagune bedeutet, die in einer tausendjährigen Symbiose die Geschicke und das Leben der Stadt begleitet. Auch in Venedig bedeutet eine Debatte über das Recht auf Stadt, sich der Fehlentwicklung entgegenzustellen, welche die historischen Städte zum Freiwild für Immobilienspekulationen und unkontrollierte architektonische Experimente macht. Auch in Venedig beginnt gesunde Demokratie mit der Verteidigung der Bürgerrechte – und das Recht auf Stadt umfasst sie alle. Eine Stadt ohne Recht auf Stadt ist eine Stadt ohne Bürger, ist nichts als leere Hülle.

›Bürgerliches Kapital‹, Recht auf Arbeit

Wenn es um Gemeingut beziehungsweise um Allgemeininteressen geht, wiederholen linientreue Konformisten eine vorgefertigte Formel: In wirtschaftlichen Krisenzeiten zählt allein das Geld, der Rest ist Luxus (die Rechte ebenfalls). Wir wollen also versuchen, quasi als metaphorische Spielerei, über das Recht auf Stadt mit den Begrifflichkeiten und der Sprache der Marktwirtschaft zu reden. Wir tun dies von zwei konvergierenden Standpunkten aus: der Rendite des Monopols und dem bürgerlichen Kapital.

Jede Stadt trachtet danach, ihre Attraktivität und ihren Ideenreichtum zu sichern und zu mehren. In einer wettbewerbsorientierten Welt zielt sie weiterhin darauf ab, ›einzigartig‹, ›besonders‹ und besser als die anderen zu sein, wofür sie ihr ›symbolisches Kapital‹ offen zur Schau stellt. Jede Stadt sollte ihre Einzigartigkeit bewahren, auf diese wie auf ein ›Monopol‹ setzen, das ihr niemand auf der Welt nehmen kann. Und dies umso mehr, als ihre Eigenschaften unwiederholbar sind (Venedig allen voran). Um jedoch die Einzigartigkeit zu bewahren und in die Zukunft zu projizieren, muss man sie kennen und als einen unverzichtbaren Wert erachten. Doch führt unsere Ignoranz immer häufiger zu einer Umkehrung der Wertehierarchien: Nicht die Einzigartigkeit der *einzelnen* Stadt steht zuoberst, sondern die Homogenisierung *aller* Städte. Ein Einheitsdenken, das genährt wird von den Fetischen der Globalisierung, will sehen, dass jeder Ort genauso ist wie alle anderen (so gibt es Hotelketten, die sich rühmen, von Singapur bis Lissabon über identisch ausgestattete Konferenzsäle zu verfügen, mit den gleichen Bildern an den Wänden, den gleichen Möbeln, Gläsern und Kaffeetassen). Harvey hat bemerkt, dass diese Form der *cupio dissolvi*, diese Auflösung der Zusammenhänge im Namen der Modernität (will heißen des Marktes), dabei ist, auch auf Städte mit überaus prägnanter Form und Geschichte überzugreifen (seine Beispiele sind Barcelona und Berlin).

›Symbolisches Kapital‹ und ›Rendite des Monopols‹ sind bequeme Wendungen, Metaphern, um mit wenigen Schlagworten sehr viel komplexere Phänomene zu erfassen (in diesem Sinn werden sie von Harvey in *Rebel Cities* benutzt). Man darf sie nicht allzu wörtlich nehmen, und doch teilen sie uns etwas ausgesprochen Wichtiges mit: Die erzwungene Vereinheitlichung unserer Städte, die ihre Unterschiede zu nivellieren versucht, ist ein auch aus marktwirtschaftlicher Sicht schwerwiegender Fehler. Die Bürgervereine, die gegen den Abriss eines Stadtviertels oder die Schließung eines Theaters demonstrieren, tun, *rein wirtschaftlich gesehen*, mehr für ihre Stadt als jene, die sich dieser Orte bemächtigen wollen, um sie zu standardisieren. Und die Bürger haben das Recht/die Pflicht, sich gegen jene aufzulehnen, die symbolisches Kapital vergeuden, das andere Bürger jener Stadt über die Jahrhunderte mit ihrer Arbeit angehäuft haben; sie haben das Recht und die Pflicht dazu, nicht nur im Namen der Vergangenheit, sondern vor allem in dem der Zukunft.

Die Städte verlieren ihre Selbstreflektiertheit und stürzen sich in das Rennen ums *branding*, einen neuen Geschäftszweig mit Charakteristiken, die den Strategien von Autoherstellern, Produktionslinien der Industrie, Modehäusern, Weingütern und dergleichen sehr ähnlich sind. Dafür stehen ›Spezialisten‹ bereit, die aus dem Stegreif neue ›Markenzeichen‹ für Städte mit tausendjähriger Geschichte ausarbeiten. Sie schneien an Orten herein, über die sie nichts wissen, und erfinden ein Logo, einen Slogan oder eine Strategie zur ›Markteinführung‹, die sich von Stadt zu Stadt nicht wesentlich unterscheiden. Das symbolische Kapital, wie es jede Stadt dank der Arbeit und der Kreativität ihrer Bewohner im Verlauf ihrer Geschichte ansammeln konnte, wird so vergeudet und durch improvisierte Allzweckformeln ersetzt. Sind solche Strategien bei Städten mit jüngerer Geschichte und schwächer ausgeprägten Merkmalen vielleicht noch verständlich, ist es dieses Rennen ums *branding* bei historischen Städten mit stärkerer ›Persönlichkeit‹ ganz sicher nicht. Doch selbst Venedig, die Stadt der Städte, hat sich im törichten Bemühen um eine neue Identität befleckt, als die Stadtverwaltung einen internationalen Wettbewerb ausgelobt hat, um ein Logo zu kreieren, das »die Identität Venedigs verteidigen und der Idee der Stadt Ausdruck verleihen« sollte (2002). In der Ausschreibung wurde auf das Vorbild des *big apple* von New York verwiesen und die Jury für die Preisverleihung wurde entsprechend nicht nach Venedig gerufen, sondern nach New York. Denn es ist ja so, wie ein enthusiastischer Kommentator (Nicolò Costa, Professor für Soziologie des Tourismus) schreibt:

»Von New York aus ist man mittendrin in der internationalen Nachfrage nach Kulturreisen, man will zeigen, dass hinter dem Logo das heutige Venedig steht, eine Stadt, die fähig ist, sich in den Kreisläufen der aktuellen Wirtschaft neu zu beleben [...]. Das Erfinden eines Logos ist Teil einer städtischen Marketingstrategie [...], die Aufgabe des kommerziellen Logos von Venedig ist es, Gewinn zu erzielen, durch Weitergabe des Logos an die Unternehmen zur Mobilisierung zusätzlicher Finanzmittel [...]. Die Bürger von Venedig sind die *stakeholder*, das Verbindungsglied zwischen dem Tourismus und den Werten einer gastfreundlichen Stadt, die sich selber und den *visitors* freundlich gesinnt ist.«

In einer solchen Wahrnehmung werden Kritiker dieser Initiative in die ›elitäre Ecke‹ gedrängt, im Gegensatz zum damaligen Bürgermeister Paolo Costa (heute Leiter der Hafenbehörde), der sich »hinsichtlich der Erziehbarkeit der Massen zuversichtlich« zeigte. Als Ergebnis des Auswahlverfahrens wurde ein Logo von Philippe Starck präsentiert – ein von vorne gezeigter, etwas zerrupfter Löwe des Heiligen Markus mit nur einem Flügel, der vor ein großes V im Hintergrund gesetzt ist. Als die erhofften zusätzlichen Einnahmen ausblieben, hat die neue Stadtverwaltung, statt die Vergeblichkeit des Unterfangens einzuräumen, abermals einen Wettbewerb für ein neues Logo ausgeschrieben (September 2012), so als bräuchte Venedig alle zehn Jahre beziehungsweise mit jedem neuen Bürgermeister eine neue Identität. Auch Venedig kann also seinem außerordentlich soliden ›Monopol‹ abschwören, um sich ein käufliches *branding* zu verschaffen.

Und das ›bürgerliche Kapital‹? Schauen wir uns zunächst das Konzept von ›Humankapital‹ an, das vor allem durch das Buch *Human Capital* des amerikanischen Ökonomen Gary Becker (1964) Verbreitung fand und die Berechnung des Marktwertes von Mitarbeitern und ihrer Leistung umschreibt, der in einem Kosten-Nutzenvergleich mit dem Gewinn der Unternehmen abgewogen wird und alle unternehmerischen Entscheidungen zur Gehaltspolitik sowie die Koordinaten der Renten, Kranken- und Arbeitslosenversicherung bestimmt. Eine schwierige Aufgabe: Ist es wirklich möglich, das Wissen, die Erfahrung, den Ideenreichtum, die soziale Kompetenz von Mitarbeitern zu quantifizieren? Sicher, man kann die Produktivität der Arbeiter einer Fabrik ermitteln; dennoch spielen beim ›Humankapital‹ auch nicht messbare, veränderliche Faktoren mit hinein, wie die individuellen Begabungen jedes einzelnen Mitarbeiters, seine mit der Zeit wachsende Erfahrung und Kompetenz, aber auch seine Gefühle, Gedanken, Hoffnungen, Phasen der Schaffensfreude, aber auch der gesundheitlichen und seelischen Probleme. Jedenfalls ist das Humankapital keine kalkulierbare Größe. Und vieles von dem, was sich jeglicher Quantifizierung verschließt, hat einen *kollektiven* Charakter, weist nicht nur den Einzelnen aus, sondern die Gesellschaft (die *Stadt*), der er angehört und deren Werte, Erinnerungen und Zielsetzungen er teilt.

Auf diese Aspekte zielt die Definition von ›sozialem Kapital‹, wie sie Pierre Bourdieu in den siebziger Jahren vorgeschlagen hat:

»Das Sozialkapital ist die Gesamtheit der aktuellen und potenziellen Ressourcen, die mit dem Besitz eines dauerhaften Netzes von mehr oder weniger institutionalisierten Beziehungen gegenseitigen Kennens oder Anerkennens verbunden sind; oder, anders ausgedrückt, es handelt sich dabei um Ressourcen, die auf der Zugehörigkeit zu einer Gruppe beruhen.«

Als Produkt kollektiver Energie regt das ›soziale Kapital‹ die individuelle Kreativität an, lässt aber Fertigkeiten und Werke in die Gemeinschaft (in die *Stadt*) einfließen, der er angehört. In jüngerer Zeit haben Luigi Guiso, Paola Sapienza und Luigi Zingales eine neue Definition von sozialem Kapital unterbreitet und sind damit einen Schritt weiter gegangen (*Civic Capital as the Missing Link*, 2010):

»Wir führen eine Definition von sozialem Kapital im Sinne von bürgerlichem Kapital ein, will heißen jene beständigen und gemeinschaftlich getragenen Denkweisen und Werte, die es einer Gruppe ermöglichen, das Trittbrettfahrer-Problem [*free rider problem*] in sozial wertvollen Tätigkeiten zu überwinden« [sprich das parasitäre Verhalten Einzelner, die auf Kosten der Gruppe leben, ohne ihr im Gegenzug etwas zurückzugeben].

Bürgerliches Kapital ist beständig, weil es auf Mechanismen einer generationsübergreifenden, auf lange Frist angelegten Weitergabe von Werten beruht (Familie, Schule, Gesellschaft). Es steckt mehr dahinter als beim sozialen Kapital, weil es das Konzept von bürgerlicher Kultur mit einschließt, ein kollektives Gefühl von Werten, Prinzipien und von sozialem Gedächtnis, das eine kulturelle, politische und ökonomische Dimension besitzt.

»Wir können mit Sicherheit sagen, dass bürgerliches Kapital durch Gebrauch keine Wertminderung erfährt, sondern wie

Humankapital dazu tendiert, mit der Nutzung im Wert zu steigen […]. Mehr noch als bei physischem Kapital und Humankapital benötigt es Zeit, bürgerliches Kapital anzuhäufen, das jedoch zunehmende Skalenerträge generiert […] und eine entscheidende mögliche Erklärung für die Persistenz von Entwicklungsniveaus ist, die sich überall auf der Welt beobachten lässt.«

Dieser Ansatz hat den Vorzug, dass er die Komplexität menschlicher Gesellschaften aus ökonomischer Sicht betrachtet, so dass sich dann weitere Werteordnungen aufdecken lassen. Allerdings gerät er unweigerlich ins Stolpern, sobald er den Anspruch erhebt, das ›bürgerliche Kapital‹ quantifizieren zu können, indem er die Kultur (die Seele) der Menschen als messbare Größe darstellt. ›Kapital‹, ›Rendite des Monopols‹ und vergleichbare Wendungen sind sicher nützliche Metaphern, verwandeln sich jedoch schnell in eine Falle, wenn man sie zu wörtlich nimmt. Sinnvoller ist es, einen anderen Faden aufzugreifen, nämlich die enge Beziehung zwischen ›bürgerlichem Kapital‹ und der politischen Geschichte von Gemeinschaften. Für Italien hat der Harvard-Soziologe Robert Putnam diesen Weg bereits beschritten, in seiner berühmten Studie über die bürgerliche Tradition in den italienischen Regionen (1993), in der er nach den Wurzeln der kulturellen und wirtschaftlichen Unterschiede zwischen Nord und Süd suchte. Versuchen wir also, uns ein ›bürgerliches Kapital‹ vorzustellen, das durch die Geschichte, die Erfahrung und das freiwillige zivilgesellschaftliche Engagement produziert wird und tendenziell mit dem ›symbolischen Kapital‹ ihrer Stadt übereinstimmt. Es fußt auf der städtischen Kultur, auf der Form der Stadt, auf Kunst, Sprache, Kultur, Musik, Religion, ethischen Vorstellungen, auf dem Verhältnis von Rechten und Pflichten, der sozialen Verantwortung, dem Wunsch nach einem guten Leben; alles nicht messbare Ingredienzen des Rechts auf Stadt.

Jeder Bürger ist individueller Inhaber jenes Rechts. Dabei ist das Recht auf Stadt seinem Wesen nach ein kollektives, ein der Gemeinschaft eigenes Recht. Es ist kollektiv, weil es in der langfristigen gemeinschaftlichen Gestaltung der Stadt wurzelt (mehr als tausend Jahre im Falle Venedigs), es ist kollektiv, weil es auf unser *collective afterlife* (auf die zukünftigen Generationen) ausgerichtet ist. Als Mitgestalter der Gegenwart und Schöpfer der Zukunft müssen Bürger heute nicht nur *in* ihrer Stadt leben, sondern *mit* der Stadt, besser noch, sie müssen *die Stadt leben*: Weil ihr Recht, obschon jahrhundertealt, angesichts der Dringlichkeit für die Gegenwart radikal wiederbelebt werden muss. Es ist das Recht darauf, den Fortschritt zwar nicht zu stoppen, ihn jedoch in Übereinstimmung mit dem Wohl der Allgemeinheit, dem öffentlichen Gut zu gestalten; nicht passives Konservieren, sondern rücksichtsvoller Wandel; die Stadt nicht künstlich überwintern, sondern ihren Wandel garantieren, ohne ihren genetischen Code zu verraten. Dieses Recht auf ein *Überdenken der Stadt* muss sich der härtesten aller Proben stellen: der Gleichmacherei, die ihre Einzigartigkeit zu verwässern und auszulöschen droht.

Das Recht auf Stadt muss den Anschluss an die soziale Funktion von Eigentum suchen, die in Italien verfassungsrechtlich anerkannt ist, obschon eine falsche Politik dies hat vergessen lassen. Die soziale Funktion von Eigentum und das Recht auf Arbeit sind nicht nur unter juristischem Aspekt eng miteinander verbunden, sondern auch unter ethischem, ökonomischem und funktionalem: So ist das Recht auf Arbeit ebenfalls in der italienischen Verfassung verankert (Artikel 4: »Die Republik erkennt allen Staatsbürgern das Recht auf Arbeit zu und fördert die Bedingungen, durch die dieses Recht verwirklicht werden kann«). In Venedig darf Arbeit nicht auf eine Monokultur des Tourismus beschränkt bleiben, sondern muss dem enormen ›bürgerlichen Kapital‹ gerecht werden, das die Stadt über Jahrhunderte angehäuft hat. In Venedig muss das heißen, dass die soziale Funktion von Eigentum nicht darin bestehen kann, die Bodenrendite weiter anzukurbeln und auf diesem Weg die Einwohnerzahl zu dezimieren und die Stadt in den Untergang zu treiben. Sie muss darin bestehen, produktive und kreative Tätigkeiten zu fördern, damit sich die Stadt wieder mit jungen Leuten bevölkert und der Monokultur des Tourismus und des Hotelgewerbes ein Ende gesetzt wird. Wer mit der Waffe der Verfassung für Venedig kämpft, kämpft für Italien und, ganz allgemein, für das Schicksal der historischen Städte: um die Stadt am Leben zu erhalten, das immaterielle Kulturerbe (das

›bürgerliche Kapital‹) zu mehren und den neuen Generationen gesellschaftliche Würde und volle Entfaltung der Persönlichkeit zu gewährleisten (auch diese unter Artikel 3 in der Verfassung anerkannt). Dies sind unerlässliche Voraussetzungen, damit junge Kräfte, Ideen und Projekte für die Zukunft die historische Stadt mit neuem Leben erfüllen können.

Raumschiffe des ›Modernen‹

Gegen Ende des 19. Jahrhunderts, zunächst in Melanesien und Mikronesien, später auch in anderen ›unterentwickelten‹ Regionen der Erde, begann sich ein Phänomen zu verbreiten, das die Anthropologen *Cargo-Kult* genannt haben. Gemeint ist ein Komplex magisch-religiöser Handlungen, mit denen eine höhere Macht um die Gabe von Gütern aus wohlhabenderen Gesellschaften angerufen wird. Der Kontakt mit Schiffen (und später mit Flugzeugen), die vollbeladen waren mit technologisch fortschrittlichem Frachtgut (*Cargo*), deren Ursprung sie sich nicht erklären konnten, führte dazu, dass einige Stammesgesellschaften sie für Gaben ihrer Ahnen oder Götter hielten und daraufhin Kultformen und Gebete entwickelten, um diese Begünstigungen weiter zu erhalten. Nach dem Zweiten Weltkrieg (und dem Ende der Materiallieferungen) erfanden Priester und Propheten des *Cargo-Kultes* mimetische Rituale, sie bauten rudimentäre Landebahnen und Kontrolltürme oder auch lebensgroße Modelle von Flugzeugen und anderen Objekten (Radios, Waffen, Telefone), die sie bei den amerikanischen und japanischen Soldaten gesehen hatten. Außerdem imitierten sie ihre militärischen Paraden und Grußzeichen, die sie als Rituale deuteten, mit denen die Götter sich günstig stimmen ließen. Für gewöhnlich wurden diese Kulthandlungen durch eine Vision eines Mitglieds der Gemeinschaft ausgelöst und die Riten des *Cargo-Kultes* in Gang gesetzt, um *ihre eigenen* Ahnen um die Gabe von Waren anzurufen. Dabei setzten die Kultausübenden voraus, dass Amerikaner, Europäer und Japaner diese Waren von ihren jeweiligen Vorfahren erhalten hätten – eine archaische Kultur, deren Grundwerte auf dem Ahnenkult und dem

Austausch von Gaben basierte und die die rätselhaften Reichtümer in ihren Besitz zu bringen versuchte, indem sie ihre Ikonen imitierte.

›Flugzeuge‹, die nicht fliegen, aus Kokosschalen gefertigte ›Radios‹, ›Waffen‹ aus Holz, ›Telefone‹ aus Stroh: Mithilfe solcher Surrogate sollte die gewaltige technologische, ökonomische und soziale Kluft überwunden werden. Zuweilen ist vom Konsumgüter-Fetischismus unserer Gesellschaft die Rede, doch der *Cargo-Kult* höhlt die Metapher aus, indem er sie wörtlich nimmt, sie zur alleinigen Realität erklärt und sich durch Simulacren am Leben erhält. Der erste Fall dieses Phänomens ist 1885 dokumentiert, der jüngste 1979 (die Bezeichnung *Cargo-Kult* geht auf das Jahr 1945 zurück); wenn wir aber unter *Cargo-Kult* das Streben nach Konsumgütern mittels passiver Nachahmung der äußeren Form von Modernität ohne Verständnis für ihre Zusammensetzung und Funktionsweise verstehen, so müssten Anthropologen auch im Venedig des 21. Jahrhunderts ein treffliches Versuchslabor vorfinden. Ohne die Gründe für den Niedergang zu untersuchen, ohne eine Stabilisierung zu versuchen, durch die die Abwanderung von Bewohnern aufgehalten werden könnte, etwa durch die Schaffung einer ausreichenden Zahl von Arbeitsplätzen, sind viele Venezianer (auch in den Institutionen) offenbar zu der Überzeugung gelangt, dass Rettung nur dank eines *Cargo* welcher Art auch immer erfolgen wird. Gewaltige Schiffe, die eine Menge Verschmutzung und etwas Kleingeld nach Venedig bringen, Wolkenkratzer-Visionen für Superreiche, Zweitwohnsitze für jene, die mehr als genug davon haben, Metrolinien, die unter der Lagune verlaufen, und Megalopolen in Venetien. Ein Mix aus Technologie und Filmkulisse, unverzichtbare Ingredienzen zur Erzeugung des Simulacrums einer neuen Wirklichkeit, das den Platz der ›alten‹ zügig einzunehmen vermag.

Der in Venedig praktizierte *Cargo-Kult* hat Berührungspunkte mit einem Kult, der noch sehr viel älter ist: die Verehrung der absoluten Macht der Märkte. Walter Benjamin zufolge ist diese Macht zu einer Religion geworden:

»Im Kapitalismus ist eine Religion zu erblicken, d. h., der Kapitalismus dient essenziell der Befriedigung derselben

Sorgen, Qualen, Unruhen, auf die ehemals die so genannten Religionen Antwort gaben [...]. Ein ungeheures Schuldbewusstsein, das sich nicht zu entsühnen weiß, greift zum Kultus, um in ihm diese Schuld nicht zu sühnen, sondern universal zu machen, dem Bewusstsein sie einzuhämmern [...]. Eine ungereifte Gottheit«,

die keine Erlösung anbietet, sondern als Tribut das unablässige Ausführen von Ritualen, von markt-, konsum- und börsendiktierten Handlungen einfordert. Aus diesem Grund halten die Anhänger des venezianischen *Cargo-Kults* nicht inne, um nachzudenken, kalkulieren nicht, welche (immensen) Kosten die aus dem Ausverkauf ihrer Stadt erwachsenden (dürftigen) Vorteile haben oder der Verzicht auf das Monopol, das die Stadt an sich selbst hält. Wie selbstverständlich gehen sie davon aus, dass der Niedergang der Stadt und die Flucht ihrer Einwohner nicht aufzuhalten sind und man sich an jedes Rettungsfloß klammern muss, das einen wie auch immer gearteten Ausweg verspricht, auch wenn dies zu Lasten des enormen ›symbolischen Kapitals‹ der Stadt, ihrer Schönheit und Geschichte und ihres unvergleichlichen Lebensstils geht. Der Tourismus ist Filter und Mittler zwischen dem Venedig von einst und dem von heute. Der Zustrom von Touristen wird ausgenutzt, um jedwede Scheußlichkeit zu legitimieren, so als wäre die Stadt über Jahrhunderte hinweg für Touristen und nicht für ihre Bewohner erbaut worden. So als müssten die Besucher von Venedig die Stadt wie ein Bühnenbild erleben und nicht in erster Linie ein Gefühl für die Lebensweise der Einwohner und eine außerordentliche städtische Kultur entwickeln. Sagen wir es mit Nietzsche, der den Venezianern selbst der unteren Stände 1885 ansah,

»dass aristokratische Selbstgenügsamkeit und männliche Zucht und Gewissheit ihrer selber zur längsten Geschichte ihrer Stadt gehört und ihnen am besten vorgemacht worden ist; ein armer Gondoliere in Venedig ist immer noch eine bessere Figur als ein Berliner wirklicher Geheimrath, und zuletzt gar noch ein besserer Mann: das greift man mit den Fingern«.

Auf eine archaische, passive Weise wird der überfallartige *hit-and-run*-Tourismus, von dem Venedig betroffen ist, mit einer Gabe des Himmels (oder mit *Cargo*) verwechselt; mit etwas, für das es sich lohnt, die Stadt ihrer Bewohner zu berauben, auf ihre traditionelle Würde zu verzichten und sie durch Bettelei zu ersetzen. Die Zukunft der Stadt wird von unverantwortlichen Bauvorhaben und unsinnigen Plänen für die Urbanisierung gefährdet, doch in der Zwischenzeit verkünden die Kreuzfahrtriesen, die seine Gewässer durchqueren, schon einmal, dass Venedig gar nicht mehr so ewig jung, gar nicht mehr so wunderbar in sich geschlossen ist, vielmehr alt und arm und todgeweiht, und deshalb die Hand ausstrecken muss, von den Touristen Almosen zu erbetteln.

So steht nicht nur das (bislang) theoretische Projekt eines Wolkenkratzergürtels schon vor der Tür, auch der *Palais Lumière*, um den in den vergangenen Jahren ein heftiger Kampf ausgetragen wurde, der zwar vorübergehend ausgesetzt, wohl aber nicht beendet ist, wirft drohend seinen Schatten. Es lohnt sich, darauf zurückzukommen, und zwar nicht nur, weil dieses konkrete Projekt früher oder später wieder aufgegriffen werden könnte (tatsächlich meldet die Tageszeitung ›La Nuova Venezia‹ vom 7. Juli 2014, dass für das betreffende Gelände keinerlei Auflagen gelten), sondern auch weil früher oder später ähnliche Realitäten über die Stadt hereinbrechen werden. *Palais Lumière* ist ein Projekt von Pierre Cardin und mehreren Architekten, unter ihnen auch sein Neffe, der erst vor Kurzem die Universität abgeschlossen hat. Der 90-jährige italo-französische Modeschöpfer beabsichtigt, als Reminiszenz an seine venetischen Wurzeln in der Lagune ein sichtbares Zeichen zu hinterlassen, indem er für eineinhalb Milliarden Euro auf einer Gesamtfläche von 175 000 Quadratmetern den Bau eines riesigen, 250 Meter hohen gläsernen Turms plant. Auf dem brachliegenden Industriegebiet von Marghera sollen drei ineinander verschlungene Türme mit 60 bewohnbaren Etagen entstehen, inklusive einer ›Universität für Mode‹, Büros, Geschäften, Hotels, Kongresszentren, Restaurants, Megastores, Sportanlagen. Eine vertikale Stadt, die als einmalige Gelegenheit zur Sanierung eines im Niedergang begriffenen Industriegebiets angepriesen wird. Aber dieser Turmbau zu Babel würde den Campanile von San Marco um 150 Meter überragen und, allen Normen und Verordnungen zum Trotz, die Skyline von Venedig einschneidend verändern. Und damit der Koloss seinen Namen verdient, müsste der Lichtpalast spektakulär illuminiert werden, um auch nachts von der gesamten Stadt aus sichtbar zu sein. Und nicht nur das: Er würde in die Einflugschneise vorstoßen und die Höhengrenze von rund 110 Metern verletzen, die von der nationalen Flugaufsicht festgelegt worden ist. Angesichts der Proteste hat Cardin nicht nur an Minister und hohe kommunale, regionale und staatliche Behörden appelliert, sondern auch gedroht, seinen Turm in China zu bauen – eine in der Tat vielsagende Drohung, die allein schon aufzeigt, mit welcher Rücksicht auf Venedig und die Lagune der Wolkenkratzer konzipiert wurde, wenn man ihn ohne Unterschied auch in China bauen kann. Für Cardin ist Venedig offenbar bereits identisch mit Chongqing.

Wie es scheint, hat ein ehemaliger Bürgermeister von Venedig, um seine Meinung zu dem Projekt gebeten, geantwortet: »Scheußlich, aber einem geschenkten Gaul schaut man nicht ins Maul«. Wie uneigennützig dieses Geschenk ist, zeigen die Anzeigen, die in Frankreich in Immobilienagenturen und Geschäftsvitrinen etwas voreilig Appartementwohnungen im Cardin-Palast zum Verkauf anboten: Die Bilder zeigen den drohend aufragenden Koloss, davor die Lagune und, im Hintergrund, einen dunklen, diffusen Fleck. Dieser Fleck ist Venedig, herabgewürdigt (genau wie im Projekt *Aqualta* 2060) zur Vedute in der Ferne, deren Funktion allein darin liegt, den Preis für die Wohnungen nach oben zu treiben. Das hochgradig belastete ehemalige Industriegebiet von Marghera stellt ein reales Problem dar, das hier lediglich dazu benutzt wird, ein äußerst spekulatives Immobiliengeschäft zu rechtfertigen. Obendrein erhofft man sich, dass die geplante Verkehrsführung mit Autobahnen und Anschlussstellen Venedig nach amerikanischem oder chinesischem Vorbild ›modernisieren‹ wird.

Maßnahmen für eine bessere Verkehrsanbindung, die Venedig vor der Isolierung bewahren sollen, sind ein weiteres Lieblingsthema der *Cargo*-Kultausübenden. Die Futuristen dachten noch darüber nach, den Canal Grande mit Erde aufzufüllen und zu asphaltieren, ihre Nachfahren heute planen eine Metrolinie zwischen Venedig, Padua und Treviso, um aus den drei Städten eine einzige Megalopole zu machen. Von offizieller Seite heißt es (auf der entsprechenden Internetseite):

> »Die Einbindung des Altstadtzentrums von Venedig in das Nahverkehrsnetz von Venetien mittels *geeigneter, unterhalb der Lagune verlaufender Metrolinien* würde die natürlichen Grenzen der Beförderung zu Wasser aufheben, den Wellenschlag eindämmen, einen effizienten Beförderungsdienst auch bei widrigen Wetterbedingungen gewährleisten, vor allem aber die physische Isolierung Venedigs verhindern, die zu einer Verelendung des Wirtschaftslebens und folglich zu einem Verfall der Sozialstrukturen im Inselgebiet führen würde.«

Und um gleich vorzuführen, wie der Markt Venedig retten will, liegt schon das nächste Projekt bereit, *Veneto City*, ein gewaltiges Einkaufs- und Verwaltungszentrum und neuer Verkehrsknotenpunkt neben der Autobahn Dolo-Venedig, die auf dem letzten landwirtschaftlich genutzten Areal entstehen sollen. 1 800 000 Kubikmeter Neukonstruktionen auf einem Areal von 750 000 Quadratmetern, dazu neue Straßenachsen und Autobahnen, alles in allem ein Investitionsvolumen von zwei Milliarden Euro: auf Kosten der Landwirtschaft, die seit der antik-römischen *Centuriatio* in dieser Gegend betrieben wird (und deren Spuren nun zerstört werden würden), ganz zu schweigen von dem weitläufigen Netz der aus dem 16. Jahrhundert stammenden Villen und Parkanlagen Venetiens. Hier verspricht *Veneto City* (später mit einem Augenzwinkern in Richtung Umweltschützer in *Veneto Green City* umgetauft) eine »Innovations-Hochburg der Superlative, ein Dienstleistungs- und Forschungszentrum, ein Schaufenster des *core business* der Unternehmenskultur Venetiens« zu errichten, die sich auf weitere zwei Millionen Quadratmetern ausdehnen soll – eine Geisterstadt ohne ständige Einwohner, aber voll von Aktivitäten jeder Art (so durfte ein Museum zeitgenössischer Kunst nicht fehlen, selbstverständlich ohne dass irgendein kulturelles Konzept vorliegen würde).

Doch auch das will noch nicht genügen: Es gibt Pläne, in der Nähe des Flughafens von Venedig *Tessera City* zu errichten, angepriesen als das neue, auf dem Festland gelegene Tor zur Stadt, das natürlich einen englischen Namen trägt: *Venice Gateway*. Wer weiß schon, warum dieses ›Tor‹ Neubauten mit einem Volumen von 1 700 000 Kubikmetern auf einer Fläche von 384 000 Quadratmetern bedarf. Anfänglich im Rahmen der (glücklicherweise zu den Akten gelegten) Kandidatur Venedigs für die Olympiade von 2020 präsentiert, sah das Projekt den Bau eines Stadions mit achtzigtausend Plätzen, dazu gewaltige Sport- und Hotelanlagen sowie Einkaufszentren vor und schmückte sich natürlich mit dem Namen eines berühmten Architekten, der das Hafenbecken realisieren sollte (Frank Gehry).

Veniceland, Veneto City, Tessera City, Venice Gateway: Einmal abgesehen von dem imitativ-provinziellen Gebrauch des Englischen zeigen uns diese verhängnisvollen Projekte, dass Venedig, so wie es ist, nicht mehr genügt. Es muss auf den Kurs einer entfesselten ›Modernität‹ gebracht werden, zusammengeschachtelt aus Wolkenkratzern, Verwaltungszentren, Autobahndreiecken, sublagunaren Metrolinien, abgekupferten Disneylands, Mega-Einkaufszentren, Themenparks. In jedem Fall ein ausgedehntes städtisches Agglomerat, wobei man davon ausgeht, dass sich das ›wahre‹ Leben (sprich die Produktion und der Konsum von Waren) in den neu gebauten Gebieten abspielt, während dem historischen Venedig eine Restlebensdauer als Vergnügungsviertel zugestanden wird, das mit superschnellen U-Bahnen zu erreichen ist. Ein langsamer und unerbittlicher Niedergang.

In diesem Gerenne um Projekte und ›Ideen‹, die durchweg Plagiate sind, stehen sich im venezianischen *Cargo-Kult* auf der einen Seite seine auf ihren Vorteil bedachten Propagandisten und Prediger und auf der anderen seine Anhänger und Opfer gegenüber. Wie eine Fahne tragen jene den Kult vor sich her, die landwirtschaftliche Flächen erwerben, um sie zu Höchstpreisen weiterzuverkaufen und ein Fragment der Megalopole darauf zu errichten, jene, die öffentliche Gelder mit Aufträgen an Vorzugskandidaten oder mit Scheinstrategien des *project financing* verschwenden, jene, die Provisionen und Bestechungsgelder verteilen und einstecken. Dabei sind die Anhänger des *Cargo-Kultes* gleichzeitig seine Opfer: unschuldige Einwohner, die von den Drahtziehern aus Finanz und Politik auf zynische Weise dazu gebracht werden, seine Rituale auszuüben, weil man sie davon überzeugt hat, dass es keine Alternative gibt. So werden die (wahren) Probleme Venedigs zum Vorwand genommen, um sie, entsprechend den Praktiken einer Raubökonomie, noch weiter zu verschärfen.

Nichts dokumentiert dies besser als die tägliche Invasion der hochhaushohen Schiffe, die die Stadt kolonisieren und verunzieren, wahre Raumschiffe des ›Modernen‹, Konsumtempel, die die Silhouette der Stadt ausradieren. Den Hotelkolossen in Las Vegas vergleichbar, werden diese schwimmenden Bettenburgen für exklusiven Luxus erklärt, dabei sind sie Schleudermaschinen standardisierter Vergnügungen von künstlicher Opulenz. Sie verkaufen Illusionen und geben den einfallslosesten Massentourismus als hochgradig personalisiertes Erlebnis aus. Ephemere Tempel eines heilbringenden Rituals, setzen die großen Schiffe alles daran, sich den Anschein einer zum Wolkenkratzer verdichteten Neustadt zu geben, die Einkaufsmeilen und Restaurants, Diskotheken und Kinos, Geschäfte, Fitnessstudios, Theater, Spielkasinos, Eislaufhallen, Joggingstrecken, Sportplätze beherbergt. Sie dringen in die Stadt ein, sind dabei selber Architektur. Schon Le Corbusier hatte 1923 in einer berühmten Illustration zu seinem Buch *Vers une architecture* vor die schematische Ansicht des transatlantischen Ozeandampfers *Aquitania* mit seinen 3600 Passagieren eine Abfolge von Pariser Monumenten geblendet, die Fassade von *Notre-Dame*, den *Arc de Triomphe*, die *Opéra*.

Ihre Sternstunde erleben diese Schiffsmonster, wenn sie, ihre pompöse Arroganz zur Schau stellend, in das Becken von *San Marco* einfahren und mit ihrem schieren Ausmaß die tausendjährige Basilika, die aus Byzanz erbeuteten Bronzepferde, den Dogenpalast herausfordern. Um so viel höher als die ehrwürdigen Bauten am Canal Grande, dringen diese Schiffe ins Herz von Venedig ein, die Schönheit der Stadt zu beschauen, sie dabei aber verdunkeln und brüskieren und ihre Wahrnehmung auch in jenen manipulieren, die auf ebener Erde stehen, in einer Gondel sitzen oder sich an Bord eines Vaporetto befinden. Die *Voyager of the Seas* beispielsweise ist 63 Meter hoch, 311 Meter lang, 47 Meter breit und verfügt über 47 Decks; die nur um Weniges kleinere *Costa Favolosa* rivalisiert mit Las Vegas und bietet Repliken des Kaiserpalastes von Peking, des Circus Maximus in Rom und von Versailles. Die *Divina* ist mit ihren 67 Metern doppelt so hoch wie der Dogenpalast und misst mit ihren 333 Metern Breite das Doppelte vom Markusplatz. Unterdessen werden jahrhundertealte Gleichgewichte gestört, indem man die Fahrrinnen der Lagune von 9 auf 17 Meter (Malamocco), von 7 auf 12 Meter (Lido) vertieft. Interessanterweise sind die Verteidiger dieser ›touristischen Notwendigkeit‹ dieselben wie die Befürworter der Metrolinie unter der Lagune, deren erklärtes Ziel die Begrenzung der Schifffahrt zur »Verminderung des Wellenschlags« ist. Sie sagen Nein zur Wasserverdrängung einer Gondel und befürworten die Paraden der Ozeanriesen – 13 von ihnen sind am 22. September 2013 an einem einzigen Tag an *San Marco* vorbeigezogen.

Vergeblich die Serie der Aufrufe (darunter auch einer des Institut de France); vergeblich die Prämierung der hart ins Gericht gehenden Artikel zu diesem Thema von Fiona Ehlers im *Spiegel* (»Das Leben einer Toten«, 21. Februar 2011) und Anna Somers Cock in der *New York Review of Books* (20. Juni 2013 mit dem Titel *The Coming Death of Venice*) durch das Istituto Veneto. Vergeblich der Protest des Kulturschutzvereins *Italia Nostra*, der sich in einem Appell an die UNESCO gewandt und gegen die Auswüchse protestiert hat, die die charakteristische Form der Stadt und ihre Lebensweise bedrohen. Denn es geht ja noch schlimmer. Nach der grotesken und tragischen Havarie der *Costa Concordia* vor Giglio (am 13. Januar 2012) mit 32 Toten wurde in der Öffentlichkeit und in der ›technischen‹ parteilosen Regierung unter der Leitung von Mario Monti eine umfassende Debatte geführt, die in die Verabschiedung eines Dekrets mündete, dem zufolge große Schiffe künftig nicht näher als zwei Seemeilen (fast vier Kilometer) an die Küste heranfahren dürfen und das erst recht den sogenannten *inchino* verbot, den alten Brauch, bei dem ein Schiff als Zeichen der Ehrerbietung gegenüber einem Ort oder einer Person so nah wie möglich ans Ufer gesteuert wird. Für Venedig hätte dieses Dekret das Ende der Einfahrt großer Schiffe bedeutet. Aber der ministerielle Erlass gilt für alle italienischen Küsten – nur nicht in Venedig. Keine der nachfolgenden Regierungen hat diesen Missstand beheben wollen, nicht einmal nach dem schweren Unfall am 7. Mai 2013 in Genua, als die *Jolly Nero* die Kaimauern rammte (und neun Tote zu beklagen

116

waren). Venedig ist unserer Regierung zufolge demnach ein Sonderfall, aber nicht etwa, weil es, wie man erwarten würde, besser geschützt werden muss, sondern weil genau dies nicht der Fall ist. Tatsächlich sind in Venedig Katastrophen wie die vor Giglio mehrfach nur um Haaresbreite vermieden worden, zum Beispiel am 23. Juni 2011, als das ›nur‹ 200 Meter lange deutsche Schiff *Mona Lisa* durch einen Manövrierfehler wenige Meter vor der Riva degli Schiavoni auf Grund lief, oder am 27. Juli 2013, als das Kreuzfahrtschiff *Carnival Sunshine* die Riva Sette Martiri streifte.

Gewaltige Schiffe schieben sich Tag für Tag am Dogenpalast vorbei, türmen drohend über der Stadt, verschmutzen die Lagune, schmähen Venedig und seine Bewohner. Minister, Bürgermeister und Hafenbehörden nehmen diese Marter hin (und machen sich dadurch mitschuldig). Sie haben sich einem einzigen Wert, dem des Geldes, verschrieben. So geht die lärmige Sarabande der Traumschiffe weiter, die so schädlich ist für die kostbarste und fragilste Stadt der Welt. Eineinhalb Millionen Menschen ergießen sich Jahr um Jahr nach einem flüchtigen Blick von oben aus den Schiffsbäuchen über Venedig, flanieren durch die Stadt, kaufen etwas an den Straßenständen, knabbern an einem Brötchen – laut dem Journalisten Gian Antonio Stella »270 Millionen Euro Einnahmen, bei 320 Millionen Kosten für Umweltschäden«. Zur Beeinträchtigung des Stadtbildes, die Gianni Berengo Gardin in der Reportage *Mostri di Venezia* dokumentiert hat (gefördert durch den FAI, eine gemeinnützige Stiftung für Denkmalpflege und Naturschutz in Italien), kommt die zunehmende Trübung des Wassers hinzu, aber auch das Risiko von Kollisionen und das Auslaufen von Öl im Herzen der Stadt. Eine Gefahr, die mit der Zahl der eingelassenen Megaschiffe (durchschnittlich 1300 Durchfahrten im Jahr) potenziell steigt. Weder im Umweltministerium noch im Regierungssitz *Palazzo Chigi* hat man über die Folgen des Drucks von tausenden Tonnen Wasser auf die fragilen Ufer Venedigs nachgedacht. Niemand hat zuverlässige Daten über die extrem hohe Feinstaubbelastung durch die Schiffsabgase vorgelegt (500 Tonnen Ausstoß allein im Jahr 2010) oder den in der Lagune nachgewiesenen Gehalt von hochgiftigem Benzopyren. Niemand vermag genau zu sagen, ob die Zahl von Tumorerkrankungen in diesen Jahren gestiegen ist, gleichzeitig signalisieren die Daten der Krebsregister eine signifikante Zunahme von Neoplasien der Lunge in Venedig (so Silvio Testa in seinem Pamphlet *E le chiamano navi* aus der Serie *Occhi aperti su Venezia*; weitere Angaben in dem bereits zitierten Buch *Contare il crocerismo* von Giuseppe Tattara).

Diese Schiffe tragen die seichte Rhetorik der Wolkenkratzer in einer ephemeren Variante mitten ins Herz von Venedig, auf eine für die Stadt und uns demütigende Art und Weise. Und doch sind wir weder imstande, die Schwere des Affronts zu bemessen, noch zu erkennen, dass die uralte und dabei ewig junge Poesie der Lagunenstadt viel kostbarer und vielversprechender ist, nicht nur als Erbe der Vergangenheit, sondern auch als Versprechen für die Zukunft. Täglich wird wiederholt, dass Venedig und der Hafencharakter der Stadt durch die Schiffe gerettet werden wird; währenddessen leert sich die Stadt von Tag zu Tag immer weiter, macht die Immobilienspekulation sie für Mittelstand und Jugend unerschwinglich, nimmt das Angebot kreativer Arbeit Tag für Tag weiter ab. Tag für Tag schließen Tausende die Augen, die nicht sehen, nicht begreifen wollen: Ahnungslose Getreue eines grotesken, dazu abwegigen und unverhältnismäßigen Cargo-Kultes erliegen der Rhetorik eines Venedigs, das im Vergleich zur restlichen Welt im Rückstand ist und demzufolge durch bauliche Megaprojekte, Megaschiffe, phänomenale Technologien (wie MoSE, *Modulo Sperimentale Elettromeccanico* – Experimentelles Elektromechanisches Modul) und die schlussendliche Metamorphose in eine Megalopole der Zukunft dem 21. Jahrhundert gerecht werden soll. Venedig also wie Chongqing, aber während man in Chongqing ein nachgebildetes San Gimignano als Themenpark baut, hat man in Venedig den Themenpark schon parat: die historische Stadt, vielleicht noch dupliziert als *Veniceland*. In diesem Szenario würden die wenigen Überlebenden der venezianischen Bevölkerung, die größtenteils in den neuen Vororten auf dem Festland im Exil leben, hin und wieder mit einer Metrolinie unter der Lagune hindurch den Markusplatz erreichen, während die wahren Herren, die Touristenhorden, auf ihren Wolkenkratzerschiffen in die Stadt einfahren.

Ebenso kann die von der Regierung am 8. August 2014 angekündigte ›Lösung‹ nicht als definitiv oder zufriedenstellend angesehen werden. Die Zahl der großen Schiffe, die in die

Lagune einfahren dürfen, ist zwar in der Tat reduziert worden (auf zwei am Tag), im Wesentlichen wird aber auf die gewaltige Erweiterung des beinahe fünf Kilometer langen Kanals von *Contorta Sant'Angelo* gesetzt, der von aktuellen sechs Metern auf über 100 Meter verbreitert werden soll, mit einer Fahrrinne von über zehn Metern Tiefe, um eine Anbindung des *Canale dei Petroli* an den bestehenden Passagierhafen zu schaffen. Unter den verschiedenen erwogenen Optionen ist am Ende jene gewählt worden, die von den Reedereien gefordert wurde, und ohne die verheerenden Auswirkungen zu berücksichtigen, die dieser Eingriff für die Umwelt bedeutet. Zwischen zwei und acht Millionen Kubikmeter Schlick müssten recycelt werden, die der Hafenbehörde zufolge für die Schaffung neuer *Velme* (nur bei Flut überspülte Untiefen) oder *Barene* dienen sollen. Das Umweltministerium hat wie angekündigt im letzten Mai eine Prüfung der Umweltverträglichkeit durchgeführt und den Entwurf daraufhin abgelehnt. Aber in einer kürzlich getroffenen Vereinbarung ist von einer erneuten Prüfung die Rede, deren Ergebnis innerhalb von 90 Tagen erwartet wird. Eines wird jedenfalls deutlich: »Aus der Lektion, die Venedig uns erteilt hat, haben wir nichts gelernt«, so Luigi D'Alpaos, einer der führenden Experten und Professor für Wasserkunde an der Universität von Padua. Außerdem würden dadurch »die großen Schiffe zwar aus dem *San-Marco*-Bassin verschwinden, nicht aber aus der Stadt, wenn die Nutzung der Hafenstation wie gehabt bestehen bleibt« (Francesco Giavazzi).

Venedig ist ›zerbrechlich‹, Venedig ist ›alt‹. Ungestraft werden diese Argumente gegen die Stadt ins Feld geführt. Die Fragilität Venedigs und seiner Lagune haben zu Projekten wie der Hochwasserschleuse MoSE oder Visionen wie *Aqualta* 2060 geführt, sie zeigt sich aber auf Schritt und Tritt auch in kleinerem Maßstab. Für den Bau einer neuen Brücke einen berühmten Architekten zu rufen hätte durchaus eine gute Idee sein können. Aber die Brücke, die Santiago Calatrava über den Canal Grande gespannt hat, bleibt ohne jede stilistische oder statische Beziehung zu den örtlichen Gegebenheiten – eine *Signature*-Brücke, die so auch in Brasília oder Shanghai stehen könnte. Venedig ist aber keine beliebige Stadt. Ob nun schön oder hässlich, die

Brücke ist ungeeignet für die Stadt und mittlerweile hat sich die Lage so weit zugespitzt, dass der Rechnungshof von den Projektverantwortlichen 3,4 Millionen Euro Schadensersatz fordert,

> »weil das Werk an einem chronischen Gebrechen leidet, das eine ständige Überwachung und kontinuierliche Durchführung von Maßnahmen notwendig macht, die nicht unter eine übliche Wartung fallen«.

Die Zerbrechlichkeit Venedigs ist ein durchaus zweischneidiges Schwert: Wie ein lästiger Klotz am Bein lässt sie sich im Zuge einer schnellen ›Modernisierung‹ ignorieren, doch zu einem hohen Preis. So machte es der Bau der Calatrava-Brücke erforderlich, in ihrer Nähe Baugenehmigungen zu erteilen, die dann in Form eines banalen kleinen Hotels Gestalt angenommen haben. Im Namen der Fragilität Venedigs werden ständig neue Projekte ausgerufen, die die Situation der Stadt nur weiter verschlimmern, weil sie nicht in ein Verhältnis gesetzt werden zu dem überaus sensiblen Gleichgewicht, das sich über Jahrhunderte bewährt hat und die Lagune und alle noch in ihr erhaltenen Formen des Lebens miteinschließt. Bauen in Venedig ohne Kenntnis und Respekt vor diesen Gleichgewichten ist gleichbedeutend mit dem Reißen einer tödlichen Wunde.

Eine noch schärfere Waffe, die gegen Venedig ins Feld geführt wird, ist die wiederkehrende Anschuldigung, ›alt‹ zu sein, nicht angepasst an die moderne Welt, ›zurückgeblieben‹ hinter anderen Städten und deshalb dringend auf den ›neuesten Stand‹ zu bringen. Diese ›Aktualisierung‹ kann unterschiedliche Formen annehmen: So zum Beispiel die geplante ›Modernisierung‹ eines berühmten historischen Prachtbaus, des an die Familie Benetton verkauften *Fondaco dei Tedeschi* (1505–1508), der mit Aussichtsterrassen mit Blick auf die *Rialto*-Brücke und Rolltreppen im Innenhof (angeblich unverzichtbar angesichts seiner kommerziellen Nutzung) in ein Kaufhaus umgewandelt werden soll. Es ist bedauerlich, dass ein bedeutender Architekt wie Rem Koolhaas einer Auftragsanfrage nachgegeben hat, die den historischen Werten der Stadt gleichgültig gegenübersteht. Und es ist zumindest sonderbar, dass dies geschieht, während die in

Treviso ansässige Benetton-Stiftung für Studien und Forschung Projekte zum Schutz der Landschaften Venetiens auf den Weg bringt und einen Wettbewerb zum Artikel 9 der Verfassung auslobt, unter dem Titel: ›Aktive Bürgerschaft für Kultur, Forschung, die Landschaft und das historische und künstlerische Erbe‹. Wenn wir keine Ausflüchte suchen wollen, müssen wir uns darüber im Klaren sein, dass wir, wenn ein solches Projekt unter der allgemeinen Gleichgültigkeit der Öffentlichkeit umgesetzt würde, bald auch dem Installieren von Rolltreppen und Terrassen im Dogenpalast beiwohnen werden.

Wie der Gräzist Filippomaria Pontani schreibt, hat Venedig in den letzten Jahren vieles über sich ergehen lassen müssen:

»die ruchlose Zerstörung des Lido, die groteske Bewilligung der Torre Cardin, die Zweckentfremdung des Arsenals, das lächerliche Tauziehen um den Fondaco [...], den im Flächennutzungsplan vorgesehenen massiven Bodenverbrauch, das obszöne Zubetonieren des Quadrante di Tessera; [und doch werden] die Kämpfe zur Verteidigung des Kulturerbes, des öffentlichen Raumes und der gemeinschaftlich getragenen Entscheidungen [...] häufig wie Gefechte auf verlorenem Posten im Keim erstickt, als rückwärtsgewandt und neuerungsfeindlich abgetan, nur Sand im Getriebe der freien Entfaltung unternehmerischer Initiativen«.

Was haben diese Episoden mit den verheerenden Projekten von *Veneto City, Veniceland,* mit der Vision von *Aqualta* 2060, mit dem ungehinderten Zustrom der großen Schiffe gemein? Diese und weitere Vorhaben sollen, so heißt es, der Rettung Venedigs dienen. Aber warum müssen wir, wenn wir Touristen über das Meer nach Venedig bringen wollen, dies mit hochgradig umweltverschmutzenden Riesenschiffen tun, die sich wolkenkratzergleich in die Stadt einschleusen? Warum kann Cardin auf dem riesigen Areal, das ihm zur Verfügung stünde, nicht mehrere, dafür bei gleichbleibender Gesamtfläche um einiges niedrigere Türme errichten? Der Entwurf von Gianugo Polesello für Mestre, der sechzehn Türme vorsah und in den frühen neunziger Jahren als theoretische Provokation gedacht war, wäre eher in diese Richtung gegangen.

Es gibt darauf nur eine mögliche Antwort: Ob Riesenschiffe oder Wolkenkratzer, Venedig zu schänden ist keine beiläufige Folge, sondern der eigentliche Kern der ganzen Operation. Der Architekturhistoriker Manfredo Tafuri hat es so beschrieben:

> »Venedig, todmatt wie es heute ist, stellt die Welt der Moderne vor eine unerträgliche Herausforderung. Es ist ein Flüstern, das dieses Venedig noch auszustoßen vermag, und doch ist es der Welt der Technik unerträglich, dieser technischen Epoche, in der [...] Venedig von Touristenmassen überfallen wird, aber auch von der Anmaßung von Architekten, die diesen Namen nicht verdienen« (*Le forme del tempo: Venezia e la modernità*, Vorlesung vom 22. Februar 1993).

Venedig, diese unversehrte, durch ihre Lagune in tausendjähriger Symbiose geschützte historische Stadt, widerspricht auf radikale Weise dem Modell einer städtischen Entwicklung, die auf eine unbestimmte Verdichtung von Einwohnern setzt und auf eine fortschreitende Vertikalisierung der Architektur. Deshalb muss man sie ins Herz treffen und schon jetzt zwischen ihren Häusern und Kanälen die Schiffs-Ikonen des Wohlstands ansiedeln, während für die Zukunft eine Stadt der Wolkenkratzer geplant ist. In dem einen wie in dem anderen Fall ist der entscheidende Punkt die Entweihung dieser ruhmreichen Stadt, von der die Missionare der ›Modernität‹ sich provoziert fühlen, wie ein von der eigenen Unwiderstehlichkeit überzeugter Don Giovanni von der störrischen Jungfrau. Die dezidierte Entweihung besitzt einen hohen Symbolgehalt, sie ist das Statement einer sich aufbäumenden Hypermoderne, die mit der Vergangenheit abzurechnen gedenkt, Venedig demütigen, von oben auf es herabblicken will, vom Balkon eines Megaschiffes oder von Super-Terrassen, die lotrecht über *Rialto* thronen, oder von einem Wolkenkratzer in Marghera. Den Bewohnern von Venedig wird eine Rolle als Übriggebliebene, als Mitläufer zugewiesen: Sehnsüchtig dürfen sie auf den einen oder anderen wirtschaftlichen Vorteil hoffen, solange sie den Selbstmord ihrer Stadt hinnehmen, zu passiven Getreuen eines neuen *Cargo-Kultes* degradiert.

Venedig und Manhattan

Anfang des 20. Jahrhunderts, als in Europa und Amerika eine tiefgreifende Revolution die Welt der Architektur und der Stadt erfasste, wurde Venedig häufig als Richtmaß genommen. Besonders wortreich und energisch meldete sich in Italien Filippo Tommaso Marinetti zu Wort, angefangen bei dem berühmten futuristischen Manifest *Contro Venezia passatista* (›Gegen das passatistische Venedig‹), das 1910 auf der *Piazza San Marco* verbreitet wurde:

»Wir lehnen das alte, von jahrhundertelanger Wollust erschöpfte und verblühte Venedig ab, obwohl auch wir es einst in einem nostalgischen Traum liebten und besaßen. Wir lehnen dieses Venedig der Touristen ab, diesen Markt der Antiquitätenfälscher, diesen Magneten des Snobismus und der Dummheit aus aller Welt. [...] Wir wollen diese faulige Stadt heilen, diese prächtige Wunde der Vergangenheit zum Vernarben bringen [...]. Wir wollen die Geburt eines industriellen und militärischen Venedig vorbereiten, das in der Lage ist, die Adria, dieses große italienische Binnenmeer, zu beherrschen. Beeilen wir uns, die kleinen stinkenden Kanäle mit dem Schutt der alten fallenden Paläste zuzuschütten. Verbrennen wir die Gondeln, diese Schaukelstühle für Idioten, und errichten wir bis zum Himmel die imposante Geometrie der Metallbrücken und der rauchgekrönten Fabriken, um die erschlafften Kurven der alten Bauten abzuschaffen. Es komme endlich das Reich des göttlichen elektrischen Lichtes, um Venedig von seinem käuflichen Mondschein der möblierten Zimmer zu befreien.«

Nicht anders Giovanni Papini 1913:

»Florenz trägt zusammen mit Rom und Venedig die Schmach, eine jener Städte zu sein, die nicht von der unabhängigen Arbeit ihrer lebenden Bürger zehrt, sondern von der Ausbeutung der Schöpferkraft ihrer Vorfahren und von der Neugier der Fremden. Man muss den Mut haben, laut herauszuschreien, dass wir auf Kosten von Toten und Barbaren leben.

Wir sind Hausmeister in Leichenhallen und Dienstboten exotischer Vagabunden.«

Auch für Marinetti sind Florenz, Rom und Venedig »die drei Eiterwunden unserer Halbinsel«; Venedig wird sich nur dann retten können, wenn es »durch Fortschritt brutal verjüngt« würde. Der Philologe Patrizio Ceccagnoli hat kürzlich auf die doppelte Synchronie des antivenezianischen Manifests der Futuristen mit der ebenfalls 1910 erschienenen ersten italienischen Ausgabe von John Ruskins *Pietre di Venezia* und der heftigen Diskussion um den Wiederaufbau des *Campanile* von *San Marco* hingewiesen, der 1902 eingestürzt war und, nicht ohne heftige Widerstände zum Beispiel seitens Dichtern wie Giosuè Carducci oder eines Repräsentanten modernistischer Architektur wie Otto Wagner, rasch wiedererrichtet wurde (1912). Auch eine dritte Überschneidung sollte man sich in Erinnerung rufen: 1912 erschien *Der Tod in Venedig* von Thomas Mann, höchster literarischer Inbegriff der »unwahrscheinlichsten der Städte« mit ihrer »widerlichen Schwüle in den Gassen«, »diesem leis fauligen Geruch von Meer und Sumpf« und der »bösen Zutat der Lagune und ihres Fieberdunstes«. Schon damals also war Venedig Sinnbild eines lauernden Todes, aber auch Schauplatz einer Konfrontation zwischen divergierenden Auffassungen von historischer Stadt und Modernität.

In seinem Theaterstück *Ricostruire l'Italia con architettura futurista Sant'Elia* von 1930 (›Italien rekonstruieren mit der futuristischen Architektur von Sant'Elia‹) zeigte Marinetti sich noch radikaler, er erdenkt eine Bombardierung, die Venedig in einen Schutthaufen verwandelt, er lässt Kämpfe toben zwischen den ›Spaziali‹ [›Spazilisten‹, abgeleitet von Spazialismus], die die Zerstörung verantworten, und den ›Velocisti‹ [den Geschwindigen], die alles daransetzen, das Heilige Venedig innerhalb von zehn Tagen so wiederzuerrichten, wie es gewesen war, wobei sie es nicht neu, sondern ›alt‹ aufbauen, »mit dem mittlerweile patentierten mechanischen Holzwurmautomaten« und dieser »wunderbaren Maschine namens *Passatificio* [›Vergangenheitsfabrik‹], die in zehn Minuten zwei Jahrhunderte Grünschimmel produziert«. Das groteske Epos vom Wiederaufbau lässt darauf schließen, dass dem Autor ein brandneues Venedig mit der

Architektur von Antonio Sant'Elia vorschwebte. Italien muss erneuert, modernisiert, die ›barbarischen‹ Touristen müssen vertrieben werden, so wird aus einem Land der Toten ein Land der Lebenden, aus »Hausmeistern in Leichenhallen« werden emsige Arbeiter in »rauchgekrönten Fabriken«.

Zwischen 1943 und 1944, kurz vor seinem Tod, lebt Marinettis obsessive Beziehung zu Venedig erneut auf. Nach der Rückkehr von der russischen Front zieht er sich in die Lagunenstadt zurück und schreibt in den Monaten, in denen Italien (nicht aber Venedig) von echten Bomben verwüstet wird, an seinem ›aeroromanzo‹ *Venezianella e Studentaccio* [›Die kleine Venezianerin und der rebellische Student‹], der erst 2013 publiziert worden ist (herausgegeben von Patrizio Ceccagnoli und Paolo Valesio). Erzählt wird die erratische Liebesgeschichte der beiden Protagonisten aus dem Titel. Die Vorstellung eines *Neuen Venedig* wandelt sich hier zur Phantasie, an der *Riva degli Schiavoni* eine monumentale Skulptur zu errichten:

> »eine Steigerung der miteinander kombinierten und ineinander verschachtelten typischsten Paläste und typischsten Kirchen, allerdings in einer sie verwandelnden [*che li metamorfosa*] materialen Vielfalt und insbesondere in einer unerwarteten Weiterentwicklung der Glaskunst«.

Die monströse Statue soll Venezianella darstellen, die von Studentaccio geliebte Rotkreuzschwester, allerdings in gigantischen Ausmaßen: Ihr »kilometerlanger Rock« besteht aus sieben »pompösen Markusbasiliken« aus grünem Kristall, während der »neue, exorbitant vergrößerte Dogenpalast, der den architektonischen Rücken und Brustbereich mit einem Durchmesser von fünfhundert Metern bildet«, zur Hemdbluse wird, obenauf »die hohe Haube einer riesenhaft aufgeblähten *Ca' d'Oro*«. Marinettis Neues Venedig ist nichts anderes als ein Wolkenkratzer, dessen ästhetische Erlösung auf zwei Ebenen stattfindet: In ihm wird das dekorative Vokabular der historischen Stadt zusammengeführt, während seine geschwungene Gestalt gleichzeitig die weibliche Hauptfigur nachbildet – er ist, wie Studentaccio/Marinetti verkündet:

»deine maßlos vergrößerte Skulptur, oder besser die wunderschöne, idealtypische Venezianerin, nach venezianischer Mode gekleidet und dir tatsächlich so ähnlich, wie du San Marco dem Dogenpalast der *Ca' d'Oro* gleichst«.

Wie der Wolkenkratzer im kanadischen Mississauga, den man 2010 aufgrund seiner geschwungenen Formen nach Marilyn Monroe benannt hat, so ist auch Marinettis *Nuova Venezia* weiblich, zumal sie die höchste Steigerung jener Stadt darstellt, die »wir einst in einem nostalgischen Traum liebten und besaßen«.

Das verfaulende, verfluchte Venedig, bombardiert und in Trümmer gelegt, oder doch eher zum Götzenbild sublimiert, das seine architektonischen Ikonen zusammenführt und bis ins Groteske aufbläht? Zwischen beiden Visionen Marinettis besteht eine erkennbare Kontinuität, dieselbe, die zwischen der »imposanten Geometrie der Metallbrücken und den rauchgekrönten Fabriken«, die »bis zum Himmel« errichtet werden, und dem gleichermaßen grandiosen weiblichen Koloss verläuft, der sich über der toten Stadt erhebt. Die Vertikalität der neuen Architektur, »unser Los, in die Höhe [zu wachsen], [...] das Verhängnis der Höhe, unser Verhängnis«, das uns von Nietzsche vorhergesagt wurde, ist für Marinetti die einzig mögliche Zukunft Venedigs: Ob es sich dabei um einen rauchenden Schornsteinschlot handelt oder ein schillerndes Patchwork historischer Architekturen, spielt dabei kaum eine Rolle.

Diesem redseligen, deklamatorisch beschwörenden Futurismus steht das Venedig derjenigen gegenüber, die reale Wolkenkratzer bauten, damals, in eben diesen Jahren, in Manhattan. So schreibt James M. Hewlett, der Präsident des New Yorker Architektenverbandes, im Vorwort zu *New York: the Nation's Metropolis* (Peter Marcus, 1921):

> »New York ist, neben vielem anderen, auch ein im Entstehen begriffenes Venedig [*a Venice in the making*] und all das hässliche Drum und Dran, mit dem dieser Prozess nach und nach Gestalt annimmt, all die unschönen Vorgänge physischer, chemischer, baulicher und kommerzieller Natur müssen

erkannt und ausgedrückt und im Lichte einer poetischen Vision zu einem Teil seiner Schönheit und seines Zaubers gemacht werden.«

Das Siedlungsraster von Manhattan (*Gridiron Plan*) war bereits zwischen 1807 und 1811 festgelegt worden, als die Stadt nur einige zehntausend Einwohner hatte. Aber schon damals war ein gleichmäßiges Netz aus Straßen vorgesehen (12 *avenues*, die in Nord-Süd-Richtung verlaufen, sowie 155 rechtwinklig kreuzende *streets*), das ein Gitter aus 2028 *blocks* bildete, dieselben von heute. Aber in dem Maße, wie das Gitter sich füllte und immer höhere Gebäude an die Stelle der flachen älteren Bauten traten, wurde die Diskussion über die Qualität des städtischen Lebens und die Probleme der Überlastung – die ›Kultur des Staus‹ (Koolhaas) – immer heftiger geführt. Der präziseste Vorschlag kam seinerzeit von Harvey W. Corbett, Professor an der Columbia School of Architecture. Um Ordnung in das Verkehrschaos einer stürmisch wachsenden Stadt zu bringen, schlug Corbett 1923 vor, die Straßen von Manhattan ausschließlich dem Automobilverkehr vorzubehalten, der mittels Tunnels und Unterführungen zu beschleunigen sei, wobei auch angedacht war, die Straßen auf Kosten der Erdgeschossfläche präexistenter Gebäude zu verbreitern. Fußgänger sollten sich ausnahmslos auf dem ersten Stockwerk (*second story* nach amerikanischer Lesart) bewegen, erhöhte Fußgängerpassagen und Arkaden waren als fortlaufendes Netz rund um die einzelnen Gebäude geplant, während man über eigens geschaffene Brücken – auch diese zur exklusiven Nutzung der Fußgänger bestimmt – von einem Gebäude zum nächsten gelangte. Im gesamten Fußgängerbereich sollten Geschäfte, Restaurants etc. untergebracht werden:

»Wir sehen eine Stadt in der Zukunft, deren Bürgersteige als Arkaden innerhalb der Gebäudefluchten liegen, ein Stockwerk über dem heutigen Straßenniveau. Wir sehen an jeder Ecke Brücken von der Breite der Arkaden und mit massiven Geländern. Wir sehen die kleineren Parks der Stadt (von denen es, wie wir zuversichtlich hoffen, viel mehr geben wird als heute) auf die Ebene der Fußgängerarkaden angehoben ... *und mit einem Mal sehen wir ein von Grund auf modernisiertes Venedig,* eine Stadt der Arkaden, der Plätze und Brücken, mit Kanälen statt Straßen, bloß dass in diesen Kanälen kein Wasser fließt, sondern der Verkehr, wobei die Sonne auf den schwarzen Verdecken der Automobile funkelt und die Gebäude die wogende Flut der schnell dahinfließenden Fahrzeuge widerspiegeln. Vom architektonischen Standpunkt, und in Hinblick auf Form, Dekor und Proportionierung, verkörpert diese Idee *Venedig in seiner ganzen Schönheit* – und mehr.«

Für Corbett sehen so die Städte der Zukunft aus, ihre Bestimmung ist es, weitere *reincarnations of the City on the Lagoon* zu werden. Jeder der 2028 Blocks von Manhattan ist buchstäblich wie eine Insel der Lagune konzipiert, die über ein engmaschiges Netz von Brücken miteinander verbunden sind – im wahrsten Sinne ein metropolitanes Archipel. Auch in den Debatten der folgenden Jahre wird das Modell ›Venedig‹ immer wieder aufgegriffen: Von einer ›Seufzerbrücke‹ ist die Rede, die sich über die 49. Straße spannen soll, oder von Arkaden in Dogenpalast-Manier; die Metapher der Straßen-Kanäle kehrt zurück, wo der Fluss der Automobile die Rolle des Wassers der Lagune übernimmt, und man versucht, das Rockefeller Center als Zusammenschluss dreier Blocks zu konzipieren, die wie ›Inseln‹ im venezianischen Sinn behandelt werden. Corbetts Vorschlag, schreibt Koolhaas in seinem visionären und genialen *Delirious New York*, »ist eine Metapher, in der jeder Block zu einer Insel geworden« ist, einem »System aus 2028 Einsamkeiten«.

Angespielt wird hier auf einen berühmten Aphorismus von Nietzsche (1880): »100 tiefe Einsamkeiten bilden zusammen die Stadt Venedig – dies ist ihr Zauber. Ein Bild für die Menschen der Zukunft«. Venedig als Bild, als Modell, als Metapher. Die Zukunftsvisionen an der Wende zwischen dem 19. und 20. Jahrhundert führen Venedig und die Wolkenkratzer zusammen, wobei sie nicht unbedingt gegeneinander ausgespielt werden. Nichts ist besser geeignet, die Essenz des städtischen Lebens zu übermitteln, als die Begegnung von »hundert Einsamkeiten«, um diese aber in Manhattan stattfinden zu lassen, ist die metaphorische Mittlerrolle Venedigs ein notwendiger Zwischenschritt. Für Marinetti ist Venedig die Antithese zur Modernität, für Nietzsche ist es ihr Sinnbild, für Corbett Vorankündigung und Modell.

Im Vergleich zur poetisch-prophetischen Inspiration eines Nietzsche und den urbanistischen Visionen Corbetts und der Erbauer von Manhattan wirken die Schmähreden von Marinetti und Papini engstirnig und überholt. Und doch gibt es in ihren wetternden Attacken, die so typisch italienisch sind, einen Punkt, auf den eine Antwort noch aussteht. Besser Venedig zerstören, schreibt Marinetti, als mitanzusehen, wie es zu einer mumifizierten Museumsstadt verkommt, die zum ausschließlichen Gebrauch durch die Touristen bestimmt ist – ein Prozess, der damals erst am Anfang war und heute so viel sichtbarer geworden ist. Besser eine Stadt der Lebenden, fügt Papini hinzu, als eine Gemeinschaft von »Hausmeistern in Leichenhallen«, die auf Kosten von Toten leben. Wenn wir, zuweilen voller Stolz, von Venedig oder Florenz als Museumsstädten reden, geben wir dann diesen demütigenden Verhöhnungen nicht etwa Recht? Und ist es nicht so, dass wir darauf spekulieren, unsere berühmtesten und meistbesuchten Städte in Service-Städte für einen *Hit-and-Run*-Tourismus zu verwandeln? Sind wir nicht dabei, die eigentliche Idee von Stadt auszuhöhlen, indem wir ihre Bewohner zu Handlangern machen? Das sträfliche Beharren auf dem Tourismus als Ultima Ratio für die Erhaltung des Kulturerbes und der Landschaften lässt den einzig wesentlichen Punkt außer Acht: Dieses Erbe, diese Landschaften sind nicht Eigentum der Touristen, sondern das der Bürger. Sie sind es (so besagt es die italienische Verfassung), weil dem Volk die oberste Staatsgewalt zusteht, weil sie konstituierendes Element der Identität und Geschichte sind und gleichbedeutend mit dem Bürgerrecht. Sie sind nicht nur ein Erbe aus der Vergangenheit, sondern ein Reservoire an moralischen Energien für die Gestaltung der Zukunft.

Ist Venedig also »Eiterwunde« der Vergangenheit oder Metapher und Prophezeiung für die Zukunft? Das liegt an uns: Wenn das Leben der Stadt so vollständig rückwärtsgewandt bleibt, wird eine ›futuristische‹ Zerstörung unvermeidbar sein. Paradoxerweise leitet die bloße, passive Konservierung der als touristische Attraktion in den Winterschlaf versetzten Stadt, ihre Reduktion auf einen Themenpark ihrer selbst ihren eigenen Tod ein. Dennoch ist es keineswegs erforderlich, Monumente einzureißen und an ihrer statt Schlote und Fabriken, Wolkenkratzer und Kolossalstatuen zu errichten, damit die Stadt wieder ihr eigenes Leben lebt und aufhört, nur von der Rendite zu leben, die die Vergangenheit abwirft. Die Zukunft der historischen Städte ist ein großes Thema, dem man sich nicht nur in Venedig und Italien stellen muss, für das Venedig jedoch (auch als prophetischer Vorgriff auf Manhattan) als höchstes Sinnbild gelten kann. Mit jedem Tag wird die Frage drängender, auf welche Weise jede einzelne Stadt das eigene ›symbolische Kapital‹ mit dem ›bürgerlichen Kapital‹ zu verschmelzen versteht, um es in ein bewusst erlebtes Recht auf Stadt zu übersetzen und es gewinnbringend auszuschöpfen; wie sehr sie das Recht auf Stadt, auf die soziale Funktion von Eigentum, auf die Arbeit der Bürger zu ihrer ureigenen Existenzberechtigung und zu einem ureigenen Entwurf für die Zukunft macht. Geschieht dies in Venedig, so kann dies überall geschehen.

Ethik des Architekten: Hippokrates und Vitruv

Wer ist es aber, der die historischen Städte mordet? Wer umgibt sie mit seelenlosen Peripherien, wer reißt historische Gebäude zur Parzellierung der Bodenflächen ein, wer demütigt die Kathedralen mit hochfahrenden Wolkenkratzern, wer rechtfertigt Gebäudeerweiterungspläne, um Wohnhäuser mit unseligen Auswüchsen zu überbauen? Das sind, zweifellos, die politischen Entscheidungsträger; es sind Bauunternehmer und Immobilienspekulanten, es sind Mafiaorganisationen, die ihre ungeheuren Geldmittel in Immobilien investieren; und es sind die gewöhnlichen Bürger, die bereit sind, jede Gelegenheit beim Schopf zu packen, um einen persönlichen Vorteil daraus zu ziehen. Es sind aber auch Architekten und Ingenieure, Landvermesser und Stadtplaner, die aus einer Neigung zum Zynismus oder aus Ignoranz, für Geld oder weil sie sich dem Willen eines Auftraggebers oder dem eines politischen Schaumschlägers beugen, zu Tätern und Komplizen der Raubzüge in den historischen Städten und Landschaften werden. Es ist ihr Werk, dass die Vorstädte praktisch unreguliert vor sich hin wachsen, dass Städte und Umland sich mit autoritärer Architektur bevölkern, dass das kulturelle Gedächtnis vernichtet und die Zukunft der Gemeinschaften geschwächt wird. Und doch wird jede Kritik im Keim erstickt, sei es durch die erpresserische Benennung berühmter Architektur-Ikonen oder mit rhetorischen Kunstgriffen, vom Lob auf die Moderne und auf den Wolkenkratzer bis hin zu den deklarierten ästhetischen Qualitäten jedes nur erdenklichen Immobiliengeschäfts.

Die Kreativität des Künstler-Architekten wird auch dann bemüht, wenn er sein Werk auf Kosten von Regeln und bestehenden Kontexten und der Geschicke jener realisiert, die in den neuen Gebäuden leben und arbeiten müssen. Wie der amerikanische Architekt Robert Venturi geschrieben hat, ist »die moderne Architektur intolerant, die Architekten ziehen es vor, die bestehende Umgebung zu ›verändern‹ anstatt sie zu erweitern« (*Learning from Las Vegas*, 1972). Aber der Architekt, der bestehende Kontexte unwiederbringlich verfälscht, tut dies üblicherweise im Auftrag Dritter. Er stellt sich in den Dienst dessen, der mit Geld zahlt (der Auftraggeber) oder mit Gefälligkeiten (die Politik). Die ästhetischen Qualitäten der Bauwerke, die die Planer selbst und die Kritiker rühmen, verschleiern den Zynismus der zugrundeliegenden Finanz- und Immobiliengeschäfte. Die ästhetische Legitimierung entlässt den Architekten aus der Verantwortung, die Auftraggeber benutzen sie als Alibi: Es ist das von dem Architekten Giancarlo De Carlo ausgemachte »Phänomen des professionellen Deckmantels« spekulativer Geschäfte unter dem Namen bedeutender Architekten.

Doch handelt der Architekt wirklich in einer höheren Sphäre, die allein von ästhetischer Rationalität beherrscht wird und ohne jede Beziehung zu Gesellschaft, Bürgerschaft und kulturellem Gedächtnis bleibt? Sein Beruf hat erhebliche Auswirkungen auf das Leben aller mittels der Eingriffe in die städtische Umwelt und in die Landschaft, sprich der Grundvoraussetzungen nicht nur für das alltägliche Leben der Bewohner und der Gemeinschaften, sondern auch für die Dynamiken in der Zivilgesellschaft. Wir müssen uns also fragen: Gibt es im Beruf des Architekten eine professionelle Ethik? Muss ein Architekt nur den Wünschen seines Auftraggebers nachkommen oder muss er, wenn er ein Gebäude plant und errichtet oder eine Landschaft oder Stadt modifiziert, einen weiteren Horizont im Blick haben? Muss er die eigene Arbeit nach dem historischen, natürlichen, landschaftlichen Kontext, in dem er operiert, ausrichten oder kann er ihn vollständig vernachlässigen? Muss er, wenn er zum Beispiel ein Gebäude für Venedig plant, dem städtischen Gewebe dieser Stadt und ihrer Geschichte Rechnung tragen, oder darf er es als etwas entwerfen, das sich, wie von einem anderen Planeten herabgekommen, unterschiedslos in Venedig, Chongqing oder Dubai einfügen ließe?

Die Dringlichkeit dieses Themas hat Rem Koolhaas präzise erfasst. Im Vorwort zum Katalog der von ihm kuratierten Architektur-Biennale 2014 schreibt er:

> »Die Marktwirtschaft hat die moralische Dimension der Architektur untergraben. Sie hat die Architekten von der Öffentlichkeit getrennt und in die Arme des privaten Sektors gedrängt […] und sie gezwungen, sich in dem neoliberalen System zu bewegen, dessen Ur-Architekt Ronald Reagan gewesen ist«.

Less Aesthetics, More Ethics war, um genau zu sein, der Titel einer anderen Biennale, jene von 2000, ihr Kurator Massimiliano Fuksas erklärte damals jedoch,

> »dass es nicht ratsam sei, nach etymologischen oder philologischen Erklärungen für LA, ME [den Titel] zu suchen und auch nicht Monate damit zu verbringen, darüber zu debattieren, ob es die Ästhetik ist, die die Ethik enthält, oder umgekehrt. Ich hoffe stark, dass niemand auf die glänzende Idee kommt, Kants drei Kritiken vom Staub zu befreien. Die Antwort liegt in den rund neunzig Installationen der Biennale. Wir haben das Problem auf den Tisch gebracht und ich glaube, dass viele der ausgestellten Arbeiten uns die Antworten liefern, nach denen wir suchen. Aber wir sprechen hier von einer Ideenschmiede und es ist noch zu früh, um irgendwelche endgültigen Schlussfolgerungen zu ziehen. Diese Ausstellung bedeutet lediglich den Anfang eines Prozesses, einer Investition in die Zukunft«.

Laue, ausweichende Worte, wie der amerikanische Architekturtheoretiker Neil Leach bemerkt hat (in: *Architecture and its*

Ethical Dilemmas, ed. Nicholas Ray, 2005). Die Ästhetisierung der Architektur, schreibt Leach, beinhaltet

>»die Verdrängung jeglicher sozialer, wirtschaftlicher und politischer Einstellungen [...], eine Art der ›Trockenlegung‹ dieser verstörenden Dimensionen [...]. Die Ästhetisierung der Welt erzeugt eine Form der Abstumpfung. Sie reduziert jeglichen Ausdruck von Schmerz auf das Niveau verführerischer Bilder. Das Risiko, welches dieser Prozess der Ästhetisierung birgt, besteht darin, dass politische und soziale Inhalte untergeordnet, absorbiert und verleugnet werden könnten. Die Verführung der Bilder arbeitet einem grundlegenden Verständnis von sozialer Verantwortung entgegen. Die Architektur ist möglicherweise durch diese ästhetisierte Realität kompromittiert. Architekten, so scheint es, fühlen sich besonders zu einer Ästhetik hingezogen, die das äußerliche Bild, die Oberflächenmembran fetischisiert. Die Welt wird *ästhetisiert,* aber auch *anästhesiert.* In der berauschenden Welt des Bildes läuft die *Ästhetik* der Architektur Gefahr, zur *Anästhesie* der Architektur zu werden.«

Die Ästhetisierung der Architektur ist der Tod der Ethik, weil sie, wenn zur Legitimation von Immobiliengeschäften eingesetzt, selbst zu einem Mechanismus des Marktes wird und im Namen des Profits die Augen vor Themen verschließt, auf die keine Moral verzichten kann: Gemeinschaftlichkeit, Rechtmäßigkeit, das *Recht auf Stadt.* So schreibt der Architekturhistoriker Anthony Vidler:

>»Nie war der Zeitpunkt besser, das Thema der moralischen Verantwortung in der Architektur neu zu verhandeln. Und doch ist die Kluft zwischen den sachlichen Überlegungen zur Stadtplanung, den politischen Konzepten für Architektur und der Gemeinschaft der Bürger nie größer gewesen.«

Eine Antwort wird man nicht in den Theorien von Philosophen und Anthropologen finden, sondern im Selbstverständnis der Architekten und in ihrer Berufspraxis. In den vergangenen Jahren ist die Italienerin Lina Bo Bardi, die 1939 in Rom ihr

Diplom in Architektur erwarb, jedoch ab 1946 bis zu ihrem Tod (1992) in Brasilien lebte und arbeitete, zur Symbolfigur dieses Bewusstseins geworden, das umso notwendiger ist, je rarer es wird (Zeuler R. M. de A. Lima, *Lina Bo Bardi*, 2013). Entschlossen setzte sie sich für ein »kollektives Bewusstsein der Architektur« ein, in dem die Freiheit des Architekten »in erster Linie ein soziales Problem ist, das aus dem Inneren der politischen Strukturen heraus und nicht von außen betrachtet werden muss«. So verurteilte Lina Bo Bardi die übertriebene Ästhetisierung bei Oscar Niemeyer scharf:

> »Die Architektur kann durch die Formen erstickt werden, durch die Kompositionen, die Aura des Monumentalen [...]. Wer im eigenen Architekturbüro sitzt und, in Architekturzeitschriften blätternd, Pläne entwirft, ohne [an die Gemeinschaft] zu denken, [für die jene Gebäude bestimmt sind], wird nur abstrakte Gebäude und Städte erschaffen. [Die Architekten] müssen nicht ihren formalisierenden Individualismus an erste Stelle setzen, sondern das Bewusstsein, den Menschen einen Nutzen erweisen zu wollen, indem sie ihre Kunst und Erfahrung in ihren Dienst stellen. [...] Dies ist die wahre Bedeutung der Architektur heute. Liegt es nicht nahe, im modernen Architekten, dem Erbauer von Städten, Stadtvierteln und Häusern, einen aktiven Streiter auf dem Feld der sozialen Gerechtigkeit zu sehen? Sollte er nicht den moralischen Zweifel, das Bewusstsein für die Ungerechtigkeit unter den Menschen und ein ausgeprägtes kollektives Verantwortungsgefühl in sich hegen und daraus folgernd den Wunsch, für ein positives – ein moralisch positives – Ziel zu kämpfen? (*arquitetura ou Arquitetura*, in: ›Crônicas de arte, de história, de costume, de cultura da vida‹, 1958).

Für Bo Bardi muss die Hierarchie einer von der Ästhetik dominierten Architektur aufgelöst werden und einer Architektur in Großbuchstaben, die auf ethischer, sozialer und politischer Verantwortung gründet, den Vortritt lassen. In einer solchen wird die Arbeit des Architekten als bürgerliche Pflicht aufzufassen sein, aus der große moralische Verantwortlichkeiten erwachsen. In den Schriften und Gebäuden einer Lina Bo Bardi

»hat die Architektur eine belebende und verbindende Wirkung, was nur dann möglich ist, wenn in der Vorstellungswelt des Architekten die Notwendigkeit eines besseren sozialen Lebens ein echtes Anliegen ist« (Martin Filler, in: ›New York Review of Books‹, 22. Mai 2014).

Für das Berufsprofil spielen in einer Zeit, die fast ausschließlich aufs Preisschild schaut, ethische oder deontologische Aspekte kaum eine Rolle. Im Übrigen waren diese in einigen Berufsfeldern immer stärker ausgeprägt und ausdrücklicher verankert als in anderen. Der offensichtlichste Fall ist der Beruf des Arztes und die mit dem Hippokratischen Eid verbundene Berufsethik. Der Hippokrates selbst zugeschriebene Text lässt sich um 400 v.Chr. datieren; seine Erfolgsgeschichte in moderner Zeit liegt in den Medizinschulen des 16.Jahrhunderts begründet. Im nachrevolutionären Frankreich gelangte er zu neuer Aktualität und wurde noch später im Genfer Gelöbnis des Weltärztebundes (1948) bestätigt. In einigen Ländern leistet man den Eid immer noch: so zum Beispiel in Großbritannien, wo die *British Medical Association* 1996 eine erneuerte Version eingeführt hat. Es gibt unterschiedliche Fassungen des Textes, nicht nur auf Griechisch, sondern auch auf Latein und in allen europäischen Sprachen, doch einige Schlüsselstellen sind durch die Zeit konstant geblieben, insbesondere der feierliche Eid des Arztes:

»Ich werde ärztliche Verordnungen treffen zum Nutzen der Kranken nach meiner Fähigkeit und meinem Urteil, hüten aber werde ich mich davor, sie zum Schaden und in unrechter Weise anzuwenden. […] In alle Häuser, in die ich komme, werde ich zum Nutzen der Kranken hineingehen, frei von jedem bewussten Unrecht und jeder Übeltat«.

Dieselben Prinzipien würden sich, metaphorisch oder analog, mühelos auf den Beruf des Architekten übertragen lassen, sind doch Landschaft und Stadt Materialisierungen des sozialen Körpers. Ausgehend von Vitruv kann man sich aber noch einen Schritt weiter wagen. Dass dieser im Zeitalter des Augustus aktive Architekt für uns so bedeutend ist, liegt nicht an den

Gebäuden, die er wohl errichtet haben wird, sondern an seinem Traktat *De architectura*, einem gewaltigen Werk in zehn Bänden, das mindestens seit Leon Battista Alberti (1404–1472) sowie der italienischen Ausgabe der Werke Vitruvs von Daniele Barbaro mit Zeichnungen von Andrea Palladio (1556) für die europäische Tradition von außerordentlicher Bedeutung gewesen ist.

Am Anfang des ersten Buchs umreißt Vitruv die Figur des idealen Architekten, dessen wichtigste Merkmale er wie folgt beschreibt:

»Des Architekten Wissen umfasst mehrfache wissenschaftliche und mannigfaltige elementare Kenntnisse. Seiner Prüfung und Beurteilung unterliegen alle Werke, die von den übrigen Künsten geschaffen werden. Dieses (Wissen) erwächst aus *fabrica* (Handwerk) und *ratiocinatio* (geistiger Arbeit). *Fabrica* ist die fortgesetzte und immer wieder (berufsmäßig) überlegt geübte Ausübung einer praktischen Tätigkeit, die zum Ziel eine Formgebung hat, die mit den Händen aus Werkstoff, je nachdem aus welchem Stoff das Werk besteht, durchgeführt wird. *Ratiocinatio* ist, was bei handwerklich hergestellten Dingen aufzeigen und deutlich machen kann, in welchem Verhältnis ihnen handwerkliche Geschicklichkeit und planvolle Berechnung innewohnt. Daher konnten Architekten, die unter Verzicht auf wissenschaftliche Bildung bestrebt waren, nur mit den Händen geübt zu sein, nicht erreichen, dass sie über eine ihren Bemühungen entsprechende Meisterschaft verfügten. Die aber, die sich nur auf die Kenntnis der Berechnung symmetrischer Verhältnisse und wissenschaftliche Ausbildung verließen, scheinen lediglich einem Schatten, nicht der Sache nachgejagt zu sein. Die aber, die sich beides gründlich angeeignet haben, haben, da mit dem ganzen Rüstzeug ihres Berufes ausgestattet, schneller mit Erfolg ihr Ziel erreicht. [...] Daher muss er begabt sein und fähig und bereit zu wissenschaftlich-theoretischer Schulung. [...] Und er muss im schriftlichen Ausdruck gewandt sein, des Zeichenstiftes kundig, in der Geometrie ausgebildet sein, mancherlei geschichtliche Ereignisse kennen, fleißig Philosophen gehört haben, etwas von Musik verstehen, nicht unbewandert in der Heilkunde sein, juristische

Entscheidungen kennen, Kenntnisse in der Sternkunde und vom gesetzmäßigen Ablauf der Himmelserscheinungen besitzen.«

Für jede intellektuelle Eigenschaft (oder Kompetenz) seines idealen Architekten gibt Vitruv anschließend eine ausführliche Begründung. So besteht er beispielsweise darauf, dass der Architekt über Kenntnisse in der Optik verfügen muss, weil, wer »die Optik beherrscht, von bestimmten Stellen des Himmels das Licht richtig in die Gebäude [zu leiten vermag]«; das medizinische Wissen nützt ihm, um das Klima zu beurteilen, das man beim Bau gesunder Wohnungen berücksichtigen muss, während »die Philosophie [...] den vollendeten Architekten mit hoher Gesinnung hervor[bringt] und [...] ihn nicht anmaßend, sondern eher umgänglich, billig denkend und zuverlässig, und, was das Wichtigste ist, ohne Habgier sein [lässt]. [...] er soll mit charakterlichem Ernst dadurch seine Würde wahren, dass er in gutem Ruf steht«. Ist es überhaupt vorstellbar, dass ein einzelner Mensch derart reiche Kenntnisse in sich zu vereinen vermag? Ja, sagt Vitruv, weil alle Wissensbereiche miteinander verbunden sind; Voraussetzung ist allerdings, dass der Architekt in allen für seinen Beruf notwendigen Disziplinen unterrichtet wird. Von der Ausbildung des Architekten hängt folglich die Qualität seiner Arbeit ab und damit auch die seinem Beruf zugrundeliegende Arbeitsethik.

Wir könnten die von Vitruv angeführten und von ihm begründeten Anforderungen an den Architekten nun eine nach der anderen nehmen und aus ihnen einen ›Eid des Vitruv‹ entwickeln, der ein perfektes Gegenstück zum Eid des Hippokrates darstellen würde. Wenn jeder, der heute baut, einen vergleichbaren Schwur geleistet hätte und sich ihm verpflichtet fühlte, dann würde keiner je gewagt haben, etwa unzählige Wohnanlagen in unmittelbarer Nähe der giftigsten Mülldeponien Kampaniens zu errichten; weil er über die »nützlichen (und schädlichen) Eigenschaften der Luft und der Gegenden, welche gesund oder krankheiterregend sind« Bescheid wissen und sich moralisch dazu verpflichtet fühlen würde, ausschließlich »gesunde Wohnungen« zu bauen. Würden Architekten sich darüber hinaus in der Rechtsordnung auskennen, wären sie wohl sehr viel häufiger darum bemüht, die Gesetze einzuhalten. Und wenn diejenigen, die in Venedig bauen, sich darauf verstünden, *fabrica* und *ratiocinatio* (Handwerk und geistige Arbeit) zu vereinen, würde keine bauliche Maßnahme in dieser Stadt jemals losgelöst von den lokalen physischen Bedingungen und formalen Prinzipien des Bauens durchgeführt werden.

In einem ›Vitruvianischen Eid‹ käme einer Komponente besondere Bedeutung zu, die Vitruv in der Ausbildung des Architekten für außerordentlich wichtig hielt: die Geschichte. Vitruvs Architekt sollte »mancherlei geschichtliche Ereignisse kennen«. Weil der Ausbildungsverlauf zur Zeit Vitruvs keinen formalen Geschichtsunterricht vorsah, bezieht er sich auf die ›Geschichten‹ im Plural, die der Architekt kennen muss. Ist es denn auch heutzutage noch sinnvoll, dass ein Architekt über die Geschichte Bescheid weiß oder, anders gefragt, welche Geschichte (oder welche ›Geschichten‹) sollte er kennen? Der Weltärztebund ist weiterhin darum bemüht, den Hippokratischen Eid anzupassen (zum Beispiel durch die Aufhebung des Verbots der Abtreibung), und untermauert damit implizit seine anhaltende Aktualität. Dementsprechend sollten wir uns fragen, welche der Anforderungen, die Vitruv an den Architekten stellte, noch immer aktuell sind. Die Astrologie mit Sicherheit nicht. Aber gehört die Geschichte noch dazu? In den Architekturhochschulen immer weniger; dasselbe gilt für die Kunstgeschichte und sogar für die Geschichte der Architektur. Fast so, als würde das historische Gedächtnis unserer Vergangenheit eine große Last darstellen, von der man sich befreien muss, um unbeschwert von der Erinnerung in der Gegenwart leben zu können. Das Zwischenspiel der Postmoderne hat uns ein schweres Erbe hinterlassen: Sie hat die Stilelemente der Vergangenheit zu einem starren Repertoire von Gleichwertigem werden lassen, zu einem Vokabular losgelöster Elemente, einem im Supermarktprinzip nach Entsprechungen sortierten Musterkatalog, aus dessen Formenschatz man willkürlich Fragmente auswählen und wie Zitate einsetzen kann.

Überall, auch in den Architekturhochschulen, hat sich mittlerweile ein reduktiver Gegenwartsglaube durchgesetzt, der im Namen der (räumlichen) Globalisierung unseren (zeitlichen) Horizont immer weiter einengt und ärmer werden lässt. T. S. Eliot hat dies 1944 bereits klar vorausgesehen:

»In unserer Zeit, wo die Menschen mit immer größerer Vorliebe Weisheit mit Wissen und Wissen mit Informiertheit verwechseln und Lebensfragen mit den Mitteln einer technisch-mechanischen Begriffswelt zu lösen suchen, entsteht allgemach eine neue Art des Provinziellen, der man vielleicht schicklicherweise einen anderen Namen geben sollte. Es ist eine Provinzialität nicht des Raumes, sondern der Zeit; eine Provinzlerhaftigkeit, für die die Geschichte nichts weiter ist als eine Chronik menschlicher Planungen, die der Reihe nach ihre Schuldigkeit getan haben und dann zum alten Eisen geworfen worden sind; eine Provinzlergesinnung, der zufolge die Welt ausschließlich den Lebenden angehört, während die Toten keinen Anteil an ihr haben. Das Gefährliche an dieser Art Provinzialität besteht darin, dass wir alle zusammen, sämtliche Völker des Erdballs, zu Provinzlern werden können; wem es nicht passt, provinziell zu sein, der kann dann nur noch Einsiedler werden.«

›Präsentismus‹, ein Begriff, der vor allem in Frankreich verwendet wird, ist der »andere Name«, den Eliot zur Bezeichnung dieser heute vorherrschenden neuen Provinzialität so vorausschauend eingefordert hat. Aber kann das Studium der Geschichte als Gegenmittel zum Präsentismus, zum Gegenwartswahn wirken? Eine häufig missbrauchte Redensart besagt, dass »die Geschichte Lehrmeisterin des Lebens« sei. Aber versuchen wir einmal die Umkehrung dieses geflügelten Wortes und *das Leben als Lehrmeisterin der Geschichte* zu sehen (Gaetano De Sanctis, 1916). Es sind nämlich die drängenden Themen der Gegenwart, die uns dazu bringen, die Ereignisse der Vergangenheit nicht als eine reine Anhäufung gelehrten Wissens zu lesen, nicht wie ein verstaubtes Archiv, sondern als lebendige und kritische Erinnerung der menschlichen Gemeinschaften. Nur so vermag das Bewusstsein für die Vergangenheit zum Ferment für die Zukunft zu werden, zu einem Energie- und Ideenspeicher für die Gestaltung einer künftigen Welt. Es ist nicht der Beruf des Architekten, ›Geschichte zu schreiben‹, doch ohne Geschichte ist sein Beruf kläglich und hohl; denn die Geschichte, will heißen das Bewusstsein eines kollektiven kulturellen Gedächtnisses, ist das Fundament von Verantwortung. Umgekehrt leistet derjenige, der formale Ästhetik an die Stelle von Geschichte setzt, einer unverantwortlichen (gegenüber der Gesellschaft) und unterwürfigen (gegenüber dem Auftraggeber) Architektur Vorschub.

Die Geschichte, die der Architekt benötigt, besteht nicht nur aus Vitruv, Palladio und Wright. Es gehört auch die jüngere Vergangenheit des Landes und der Stadt dazu, in welcher der Architekt seinen Beruf auszuüben gedenkt. In Italien muss ein Architekt wissen, dass die jüngere Geschichte des Landes vor dem Hintergrund eines überaus gewichtigen Verfassungsstatuts zum Schutz der Landschaften und des künstlerischen Erbes und der außerordentlich komplexen Rechtsvorschriften des Sektors von einer gewaltigen »Kluft zwischen den Schutzklauseln auf Papier und dem tatsächlichen Handeln« zeugt, so der Ökonom Federico Caffè. In Venedig darf kein Architekt sich vor der Tatsache verschließen, dass die Stadt dabei ist, sich zu leeren, dass sie Gefahr läuft, zu einem mit Zweit- und Drittwohnungen gespickten Themenpark zu werden, dass sie nicht nur ihre Einwohner verliert, sondern ihre kreativen Energien, ihr gesellschaftliches Leben, ihren kulturellen Reichtum, dass sie sich zu einer Kulisse für die schnellen Auftritte eiliger Touristen herabwürdigt. Und deshalb dürfte kein Architekt sich jemals dafür hergeben, etwas zu bauen – keine Brücke, keine Terrasse, kein Fenster –, das den Tod der historischen Stadt beschleunigt, indem er ihre Einmaligkeit leugnet.

Mit Vorliebe auf Deutsch zitierte Sir Isaiah Berlin den Aphorismus *Menschen sind meine Landschaft.* Und erst recht sind es die Städte: Eine Landschaft der Bürger und für die Bürger, kein passiver Schauplatz von Immobilienrendite und Bauspekulationen. Architekten müssen dazu beitragen, Städte und Landschaften zu einem Spiegel der Demokratie zu machen, zu einer Verkörperung der Prinzipien des bürgerlichen Lebens, zur Projektionsfläche für den Wunsch, unser gegenwärtiges Leben ›gut zu leben‹, aber auch für die ethische Verpflichtung, den zukünftigen Generationen einen Lebensraum und ein Stadtgewebe zu hinterlassen, die jenen würdig sind, die uns als Erbe hinterlassen wurden. Wir müssen dem Architekten auftragen, einen neuen Pakt mit der Gesellschaft zu schließen, einen neuen ›Eid‹ auf Prinzipientreue zu leisten, ein Selbstverständnis zu entwickeln, das sich als

Beitrag zur Struktur des bürgerlichen Lebens empfindet, indem er die Bedürfnisse nach Recht und Gerechtigkeit, die aus der Gesellschaft kommen, in ihrem Sinne auslegt. In Italien bedeutet das für ihn, sich die Prinzipien des Gemeinwohls zu eigen zu machen, die in der Verfassungscharta verankert sind.

Dem ›Vitruvianischen Eid‹ haftet nichts Passatistisches an, er hat ein solides Fundament in der Gegenwart und ist zugleich auf die Zukunft ausgerichtet. So findet die eindringliche Mahnung Vitruvs, der von den Architekten seiner Zeit Kenntnisse in der Medizin forderte, damit sie die Zuträglichkeit der Wohngebäude gewährleisten konnten, ihr Echo in der italienischen Verfassung, wo der Schutz der Landschaft (Artikel 9) in enger Beziehung zum Recht auf Gesundheit »als Interesse der Gemeinschaft« (Artikel 32) steht. Aufgrund der sich wechselseitig verstärkenden Wirkung der beiden Artikel ist der Schutz der Landschaft (so hat es das Oberste Verfassungsgericht verfügt) ein Verfassungsanliegen von »übergeordnetem und absolutem Wert« als Ausdruck eines gemeinschaftlichen Interesses der Bürger. Diese Verknüpfung zwischen Medizin und Architektur, auf einer Linie mit einer fortschrittlichen Umweltschutzkultur und den Kämpfen für das Recht auf Stadt und Gemeinwohl, hat nicht nur ästhetische, sondern vor allem ethische Wurzeln. Sie verlangt, die ›zu betrachtende‹ Stadt (und Landschaft) durch eine ›dem Leben dienende‹ Stadt (und Landschaft) zu ersetzen. Die von Vitruv empfohlene, von der italienischen Verfassung vorgeschriebene, von den weltweiten Umweltschutzbewegungen eingeforderte Gesundheit der Umwelt muss die Gesundheit des Körpers und jene des Geistes sein, die Gesundheit des Einzelnen und diejenige der Gemeinschaft der Bürger.

Zerbrechlich und kostbar, todgeweiht nach Meinung der einen, modernisierungsbedürftig nach jener der anderen, ist Venedig heute mehr denn je ein Ort der Gegensätze. Es kann der auserwählte Ort werden, an dem die Gesundheit des bürgerlichen Lebens, das Recht auf Stadt, die Ethik des Architekten zur Geltung gebracht werden; der Ort, an dem ein ›Eid des Vitruv‹ Realität wird, der dem Bewusstsein des Hippokratischen erwachsen ist, dem Geist der Verfassung treu, in enger Abstimmung mit der weltweiten Bewegung für das Recht auf Stadt.

Venedig, eine Denkmaschine

›Ghetto‹ ist ein venezianischer Ausdruck, der später universell geworden ist. Er bedeutete ›Gießerei‹ und bezeichnete ein Areal, das aufgegeben worden war, nachdem man die Produktion in das Arsenal verlagert hatte, und in dem 1516 die Juden angesiedelt wurden. In einem bewundernswerten Essay (im Band *The Foreigner*, 2011) hat Richard Sennett geschrieben, dass

> »die Erfahrung der Juden im venezianischen Ghetto eine Form der Verschmelzung von Kultur und politischen Rechten prägte, die dazu bestimmt war, die Zeiten zu überdauern […]. Die Segregation verwandelte sich in einen positiven Wert, so als wären die Abgesonderten von einer Ansteckung verschont geblieben […], und der Glaube innerhalb dieser in sich geschlossenen Gemeinschaft festigte die Verbindung zwischen ökonomischen Rechten und dem Recht auf Freiheit der Rede.«

In der »kosmopolitischsten Stadt Europas« oder gar der »ersten globalen Stadt der modernen Welt« verstand es die im Ghetto eingeschlossene Gemeinschaft, ein »Gefühl der Solidarität« und »Formen der kollektiven Repräsentanz« zu entwickeln, die auf dem Bewusstsein für die eigenen Rechte beruhte. Dieses »Paradox der Stadtform« Venedigs (eine Gemeinschaft von Ausgeschlossenen, die ein starkes Bewusstsein für die eigene Identität entwickelt) ist laut Sennett der Schlüssel zum Verständnis der Ausbildung von »sozialen Handlungsweisen, die über die Rechtsbegriffe und die Macht des Staates hinausgehen«: die verbale Ausdrucksfähigkeit des Menschen wird zur entscheidenden Waffe in der Einforderung »des Rechts auf freie Rede und die Organisation ihres Lebensraumes«. Meinungsfreiheit deckt sich weitestgehend mit dem Recht auf Stadt.

Heute marginalisiert ein blinder, allein auf Marktdominanz zielender Gegenwartswahn jegliche Meinungsabweichung und drängt sie in neue Ghettos. Dasjenige der Venezianer zum Beispiel, die nicht nur im historischen Zentrum ausharren, sondern es auch gegen die Monokultur des Tourismus und die Mode einer fahrlässigen Architektur verteidigen; oder dasjenige derer, die in oder außerhalb von Venedig eine Pluralität städtischer Lebensmodelle einfordern und die Qualität der historischen *forma urbis* geltend machen. Dieser Minderheitenstatus, der von Fremden nämlich, die »von der Ansteckung durch die dominante Kultur verschont geblieben sind«, kann zu einer treibenden Kraft werden. Jedoch nur, wenn es der belagerten Gemeinschaft der Wenigen gelingen wird, ein Bewusstsein und ein Netz der Solidarität auszubilden, wenn sie Planungskompetenz entwickeln und von ihrem Recht auf freie Rede Gebrauch machen. Die von Bürgervereinigungen hervorgebrachten sozialen Praktiken, das Einfordern des Rechts auf Stadt (auf weltweiter Ebene), das Bewusstsein für die Tragweite der Verfassung (auf nationaler, italienischer Ebene), die Kenntnis der lokalen Probleme Venedigs und die Verbreitung der Informationen, die Argumentationsfähigkeit, die Verknüpfung zwischen den ökonomischen Rechten der Bürger (sowohl des Einzelnen wie der Gemeinschaft) und das im Verlauf der Zeit angehäufte ›bürgerliche Kapital‹: Ausgehend von diesen Schlüsselbegriffen ist es möglich, in Venedig wie anderswo, eine Ebene der Gemeinschaft, ein erneuertes Bewusstsein für eine eigene Identität wiedererstehen zu lassen, eine Stadt, die Körper und Seele, Raum für Bürgerschaft, Ausblick in die Zukunft ist.

Venedig, als Stadt der Städte, ist das Paradigma der historischen, aber auch der modernen Stadt (zum Beispiel Manhattan). Es ist eine ›Denkmaschine‹ zur Reflexion über die Idee von Stadt und die Prinzipien von Bürgerschaft, über städtisches Leben als Sediment der Geschichte, als Erfahrung des Heute, als Gestaltungsrahmen für eine mögliche Welt von morgen. Venedigs Probleme sind von beispielloser Komplexität, durch die Wechselbeziehungen mit der Umgebung, aufgrund des Missverhältnisses zwischen der enormen Bedeutung der historischen Stadt und der chronischen Unfähigkeit der Behörden, aufgrund des demographischen, wirtschaftlichen und kulturellen Niedergangs, von dem es befallen ist. Und doch wäre es irreführend, nach Venedig zu schauen und dabei nur an Venedig zu denken. Die dort zu beobachtenden Prozesse, insbesondere die Erniedrigung und Entvölkerung der historischen Stadt, die Rhetorik einer standardisierten Modernität und Profitbesessenheit finden sich in derselben Form auch anderswo. Als besonders schwerer

Fall aber zeigt Venedig mehr als andere Städte die Spuren einer weit verbreiteten Krankheit; als besonders eklatanter Fall zieht es mehr als jede andere die Aufmerksamkeit der Welt auf sich. Aus diesem Grund muss man die Dinge, die in Venedig geschehen, mit besonderer Wachsamkeit verfolgen, als Symptom und als Laboratorium für das Schicksal historischer Städte.

Venedig bietet das beste Beispiel für ein zutiefst gestörtes Gleichgewicht zwischen Zentrum und Peripherie, zwischen Natur und Kultur (zwischen Stadt und Lagune); aber auch für die Gier und die Korruption, mit der die Probleme der Stadt in Gelegenheiten zur persönlichen Bereicherung umgemünzt werden. Die furchtbare Überflutung von 1966 hatte die Gefährdung der Stadt durch die Gezeitenwechsel und ständigen Hochwasser deutlich gemacht; vor diesem Hintergrund entstand 1976 die Idee, die Stadt mit einem System beweglicher Dämme zu schützen, das an den Öffnungen (*bocche*) der Lagune zu installieren sei, das sogenannte MoSE-Projekt. Seinerzeit als modernste Technologie angepriesen, war dieses Großprojekt veraltet, bevor es überhaupt realisiert worden ist, hat aber mit den Jahren eine krankhafte Abhängigkeit zwischen Politik und Unternehmen offengelegt. Den Regierungen bot es die Gelegenheit, eine triumphale Einweihung anzukündigen, die verbindlich bis spätestens 1995 erfolgen sollte, wie Craxi 1986 bekannt gab. Heute, im Jahr 2014, ist ein Ende der Arbeiten nicht abzusehen, und doch hat die Politik in der ganzen Zeit nicht nur die Zweifel ignoriert, die von Experten und Bürgervereinen vorgebracht wurden, sondern überdies das negative Ergebnis, zu dem die Umweltverträglichkeitsprüfung der dafür eingesetzten Kommission gelangt war (1998). Heute wissen wir warum, dank der jüngsten Enthüllungen über die Fälle von Korruption und Verschwendung öffentlicher Mittel, die MoSE losgetreten hat. In die Ermittlungen verwickelt sind der bis 2014 amtierende Bürgermeister (Giorgio Orsoni), ein ehemaliger Regionalgouverneur und Ex-Kulturminister (Giancarlo Galan), die historische Behörde des *Magistrato alle Acque*, der Rechnungshof, das Baukonsortium *Venezia Nuova*, dem unter Monopolbedingungen alle Arbeiten am MoSE anvertraut sind, dazu zahlreiche weitere Politiker, öffentliche Amtsträger, Institutionen, Fachleute, Unternehmen. Kurz, MoSE

»war mehr von den Unternehmen gewollt, denen man seine Errichtung unter Monopolbedingungen zugesprochen hat, und von den Politikern und öffentlichen Funktionären, denen hieraus große illegale Vorteile erwachsen, als von den Venezianern, zu deren Schutz es geplant und gebaut worden ist [...]. Mittlerweile hat MoSE 6,2 Milliarden Euro an öffentlichen Geldern verschlungen, ein Drittel der 18,7 Milliarden, die seit 1984 für die Erhaltungsmaßnahmen der Lagune ausgegeben worden sind, zuzüglich der 1,5 Milliarden Euro für Wartungskosten. Ursprünglich sollte das Projekt weniger als 2 Milliarden kosten [...] unserer Schätzung nach belaufen sich die Mehrkosten, die durch die ›Erbsünde‹ der Vergabe der Arbeiten unter Monopolbedingungen verursacht wurden, auf über 2 Milliarden Euro«.

Der Journalist Giorgio Barbieri und der Ökonomieprofessor Francesco Giavazzi, denen wir diese Ausführungen verdanken (in ihrer präzisen Analyse *Corruzione a norma di legge. La lobby delle grandi opere che affonda l'Italia*, 2014), weisen darauf hin, dass Illegalität und Korruption allein nicht genügen, um das Ausmaß des Geschehenen zu erklären: »Verstoß gegen die Regeln und Korrumpieren der Regeln sind keine voneinander unabhängigen Phänomene«, vielmehr »sind die Gesetze korrumpiert worden, um Unternehmen und Politik zu bereichern«. In »Ermangelung jeglicher realen Auseinandersetzung mit der Fragilität dieses hochsensiblen Gebietes« hat die Allianz zwischen Politikern und Unternehmen einen einzigen »Zweck verfolgt, nämlich den der Gewinnmaximierung, wobei der Name Venedigs zu Geld gemacht worden ist«. Die Kosten-Nutzen-Rechnung, die anfänglich positiv war, hat sich nun drastisch ins Gegenteil gekehrt, der Nutzen von MoSE wird in jedem Fall deutlich unter seinen Kosten liegen. Das ungeheuerliche Ausmaß der Korruptionsfälle hat die Regierung Renzi am Ende sogar veranlasst, nach über fünf Jahrhunderten seines Bestehens das einst ruhmreiche *Magistrato delle Acque* zu schließen (Juni 2014), welches das Ende der *Serenissima*, die österreichisch-ungarische Herrschaft und alle Regierungswechsel im vereinten Italien überdauert hatte.

Aber diejenigen, die die große fette Kuh der öffentlichen Kassen auch weiterhin melken wollen, haben für das Ende der Arbeiten bereits Vorsorge getroffen, indem sie nicht nur die unerschöpflichen Quellen der Wartungsverträge anzapfen, sondern mit dem *offshore*-Hafen auch ein neues ›Großprojekt‹ mit einem Volumen von 2,8 Milliarden Euro ausgerufen haben. In vorderster Reihe dieselben Bauunternehmen aus dem MoSE-Projekt in derselben streng überparteilichen Verständigung von Seelenverwandten: »offshore wird zum Katalysator der Stadtentwicklung werden« (Renato Brunetta, Forza Italia); »Venedig darf auf Fortschritt nicht verzichten, es gilt, der Konservierungsfalle zu entkommen« (Pier Paolo Baretta, Partito Democratico).

> »Auf einer 2000 qm großen Plattform wird der neue Hafen über ein Rohöl-Terminal verfügen, an dem bis zu drei Supertanker abgefertigt werden können, dazu über ein Terminal für Containerschiffe und einen vier Kilometer langen Deich, finanziert mit öffentlichen Geldern und ermöglicht durch das Sondergesetz von 1984, ein Gesetz, das verabschiedet wurde, um Eingriffe zum Schutz von Venedig und seiner landschaftlichen und kulturellen Güter zu autorisieren« (Barbieri und Giavazzi).

»Der Konservierungsfalle entkommen« bedeutet also, sich auf ein Schutzgesetz zu berufen, um »alles auf- und abreißen zu dürfen, rechtwinklige Kanäle auszubaggern, Ufer zuzubetonieren und Lagerhallen zu errichten« (Italia Nostra). Der Fall MoSE zeigt, wie Venedigs Probleme als Vorwand genutzt wurden, um die Fahnen des Kulturschutzes zu schwenken, während in Wirklichkeit gigantische Raubmechanismen in Gang gesetzt werden, die auch in anderen ›Großprojekten‹ am Werk sind, wie sich bei den Ermittlungen der Justizbehörden zur Expo 2015 herausgestellt hat, in die dieselben Unternehmen verwickelt sind, die wegen MoSE unter Anklage gestellt wurden (Barbieri und Giavazzi).

Für die Korruption des öffentlichen Lebens kann Venedig, wie in hundert anderen Bereichen, als Paradebeispiel gelten. Nicht nur in Venedig, auch andernorts leeren sich die historischen Städte, befördern die Institutionen eine Monokultur des Tourismus- und Hotelgewerbes und damit den Anstieg der Wohnungspreise, die eine Art klassenbasierte ›ethnische

Säuberung‹ lostreten, mit der junge Leute und weniger Betuchte aus der Stadt getrieben werden. Nicht nur in Venedig, auch andernorts jagen »Architekten, die diesen Namen nicht verdienen, in ihrem Hochmut« (Tafuri) dem schnellen Gewinn hinterher, blähen die Peripherien auf, nehmen jeden Auftrag an, auch wenn dies bedeutet, historische Zentren zu entstellen, und beugen sich sklavisch der wirkmächtigen Rhetorik der Wolkenkratzer. Nicht nur in Venedig, auch andernorts sind die Bürger der Gemeinschaft Fremde im eigenen Haus, weil die Stadt und das Stadtgebiet für Jagd und Raub freigegeben sind. Nicht nur in Venedig, auch andernorts geht jede Form der kreativen Arbeit zurück, sind ›verlorene Generationen‹ junger Menschen gezwungen, ihr Land zu verlassen, siecht das Zivilbewusstsein dahin, wird das Recht auf Stadt ins Exil geschickt. Mehr als jede andere historische Stadt stellt Venedig »die Welt der Moderne vor eine unerträgliche Herausforderung« (Tafuri); und eben darum wird es, in den Architekturbüros, zum Gegenstand einer Vivisektion, bei der es wie ein gigantisches anatomisches Präparat bis auf die Knochen freigelegt wird, um riskante Dekonstruktionen zu testen (siehe Teresa Stoppani in: *Paradigm Islands: Manhattan and Venice*, 2011). Venedig wie eine Stadt der fließenden, ahistorischen Formen im Licht einer gegenwartstrunkenen Ästhetik dekonstruieren zu wollen, ist der erste Schritt ihrer physischen Dekonstruktion (sprich Zerstörung). Der ethische Auftrag des Architekten muss genau umgekehrt lauten: die Form der Stadt nicht einen Augenblick lang ohne ihren Lebensstil, ohne die Arbeit, die Zukunft ihrer Bewohner zu reflektieren. Aus genau diesem Grund bedeutet ein Nachdenken über Venedig ein Nachdenken über die historische Stadt oder mehr noch: über jede beliebige Stadt.

Das Nachdenken über die Stadt übt nicht nur den Geist, sondern auch unser Verständnis von Demokratie und Politik, was die Kenntnis der Gegenwart voraussetzt, aber auch einen weiten Blick in Vergangenheit und Zukunft. Die Stadt von heute ist ein

»verwickelter und fließender Stadtplan, von dem man ausgehen muss – erstens –, um zu verstehen, wie die Stadt gemacht ist, und – zweitens – wie man sie neu erschaffen kann […]. Je negativer das Bild ist, das wir dem Heute entnehmen, desto notwendiger wird es sein, uns die Projektion eines positiven Bildes zu erschaffen, nach dem wir streben können […], ohne aus dem Blick zu verlieren, welches das Element der Kontinuität gewesen ist, das die Stadt durch ihre gesamte Geschichte hindurch weitergetragen hat, das sie von den anderen Städten unterschieden und ihr einen Sinn gegeben hat. Jede Stadt hat ein ihr eigenes, ihr innewohnendes ›Programm‹, das sie jedes Mal, sobald sie es aus den Augen verliert, wiederfinden muss, weil ihr ansonsten das Aussterben droht. In der Antike veranschaulichten die Menschen den Geist der Stadt, indem sie die Namen der Götter beschworen, die ihrer Gründung unsichtbar präsidiert hatten […], Namen, die Personifikationen der lebendigen Ausdrucksformen menschlicher Verhaltensweisen oder von Bestandteilen der Umwelt waren (ein Wasserlauf, eine Bodenstruktur, eine Pflanzenart) und die ihr Fortdauern durch alle nachfolgenden Veränderungen hindurch würden gewährleisten müssen, als ästhetische Form, aber auch als Sinnbild einer idealen Gesellschaft. Eine Stadt kann Katastrophen und Mittelalter durchstehen […], aber sie muss, im entscheidenden Moment, ihre Götter wiederfinden« (Italo Calvino, *Gli dèi della città*, 1975).

Die Götter von Venedig sind anspruchsvoller als die jeder anderen Stadt, weil hier das Wirken der Menschen abwechslungsreicher und ergiebiger war, vor allem aber weil hier die natürliche Umwelt, ihre Symbiose mit der Stadt, die größere Herausforderung darstellt. Deshalb gilt diese kostbare, einmalige, schwierige Stadt mit ihrer einzigartigen Beziehung zum Wasser und zum Festland, die sich außerdem auf gegenläufigem Kurs befindet, weil ›natürlich‹ autofrei und den Fußgängern vorbehalten, weltweit als höchstes Sinnbild für den menschengerechten Zuschnitt der historischen Stadt. Deshalb provoziert sie uns und stellt uns vor die Frage: Sollen wir diese Erfahrung von Raum bewahren oder sie verwässern, indem wir sie jenem Einheitsgedanken unterwerfen, der auf der ganzen Welt ein einziges Modell identischer Neustädte durchsetzen will?

Nichts ist so sehr *mainstream*, so politisch korrekt und von gesellschaftlichem Zwang diktiert wie das Verherrlichen und Ausleben von Diversität. Diversität der Geschlechter, der sexuellen Orientierung, der Religion, der Kultur. Aber diese Diversität, der bei den individuellen Entscheidungen so ungeheuer viel Bedeutung beigemessen wird, gilt sehr viel weniger für die Städte, die sich statt dessen von einem wachsenden Wahn der Gleichmacherei beherrscht sehen. Als Inkarnation der historischen Stadt und ihrer Lebensstile ist Venedig ein Prüfstein im Auflösungsprozess der altehrwürdigen *forma urbis*, die nunmehr zu einer bloßen Residualexistenz verurteilt scheint. Auch seine Entvölkerung, von den Institutionen, die sie eigentlich verhindern sollten, gesteuert, hat ein uneingestandenes, aber offensichtliches Ziel: das Auslöschen der Diversität, das Degradieren der für eine Kultur der Konversation geschaffenen Räume zu passiven Kulissen des Tourismus. In Venedig, wie anderswo, wird es, um die historische Stadt zu retten, nicht genügen, sich die Vergangenheit ins Gedächtnis zu rufen oder die Gegenwart auszukosten. Es genügt auch nicht, zu protestieren: Der entscheidende Zug wird darin bestehen, das Ausüben einer aktiven Bürgerschaft und das Recht auf Stadt zu reaktivieren, ausgehend von einem Konzept, das die Einmaligkeit dieser (wie auch jeder anderen) Stadt bewahrt und dem als unbeugsame Regel nicht nur die Sorge für die Umwelt und den kontextuellen Rahmen zugrunde liegt, sondern auch der Vorrang des Gebrauchswerts der Stadt über den Tauschwert, die soziale Funktion von Eigentum, das Recht der Bürger auf eine kreative Arbeit, das Recht junger Menschen auf Wohnung und auf eine Zukunft.

Als eine Stadt mit langer kosmopolitischer Geschichte kann Venedig auch zum Versuchsfeld einer integrativen Auffassung von Staatsbürgerschaft werden, die unserer Zeit angemessen ist. Wenn die Stadt Hervorbringung von sozialem und kulturellem Raum ist, Schauplatz der Gedanken und Rechte, Versuchslabor für die Zukunft, ist es mehr denn je von Bedeutung, die Praktiken von Staatsbürgerschaft auch im Hinblick auf die Neuitaliener zu konzipieren, die, aus Europa und anderen Teilen der Welt zuziehend, zu einem Teil des bürgerlichen Gewebes unserer Gesellschaft werden. Ihre wachsende Zahl und ihre demographische

Relevanz machen sie zu wesentlichen Akteuren in der Stadt von morgen. Nichts von unserem Erbe und unserer Landschaft wird zu retten sein, wenn nicht auch diese neuen Italiener ein Bewusstsein dafür entwickeln, solange Schule und Gemeinschaft nicht in der Lage sind, den Geist der Stadt an jene weiterzugeben, die ihren Körper bewohnen. Der trügerische Kosmopolitismus der über Venedig hereinfallenden Touristenhorden trägt in keiner Weise dazu bei, diese neuen und notwendigen Horizonte einer Bürgerschaft zu eröffnen, die nicht nur auf dem *ius sanguinis* und auch nicht nur auf dem *ius soli* beruht, sondern (gemäß einer jüngst von der Schriftstellerin Michela Murgia benutzten glücklichen Wendung) auf einem *ius voluntatis*, dem bewussten Willen, sich als Bürger zu fühlen. Für Sokrates (im *Kriton*) ist die Bürgerschaft ein Pakt zwischen dem Bürger und seiner Heimat, sie impliziert einen Willensakt und bringt Verpflichtungen mit sich. Wer in der Polis (der Gemeinschaft) bleibt, muss ihre Gesetze befolgen oder, wenn er sie für verfehlt hält, sich darum bemühen, sie zu ändern. Diese Auffassung, die in Athen an den Status des Bürgers von Geburt (also nicht Sklave oder Fremder) geknüpft war, muss heute mit neuem Inhalt gefüllt und auf jene Immigranten ausgeweitet werden, die sich zum Bleiben entschlossen haben, muss sie zu Mitgliedern derselben Wissens- und Interessengemeinschaft machen.

Es bedarf, in Venedig und nicht nur dort, eines neuen Bürgerschaftspaktes, sowohl für diejenigen, die aus ortsansässigen Familien stammen, als auch für jene, die von weit her kommen. Und in Venedig muss ein neuer Bürgerschaftspakt damit beginnen, dass diejenigen, die sich als Bürger dieser Stadt fühlen, nachdrücklich dafür eintreten, Institutionen und Politiker zu einem kreativen Blick auf die Stadt zu bewegen. Die historische Stadt mit Leben erfüllen, sie in die Zukunft zu projizieren, bedeutet die Notwendigkeit einer neuen Politik, um die perverse Dynamik der Abwanderung umzukehren. Starke (auch steuerliche) Anreize zur Wohnsitznahme junger Menschen müssen geschaffen werden; das bedeutet, dem zügellosen Umfunktionieren von Gebäuden zu touristischen Zwecken und dem Florieren der Zweitwohnungen Einhalt zu gebieten; produzierende und verarbeitende Betriebe zu fördern und durch die Unterstützung kreativer Arbeit mehr Möglichkeiten und Chancen zu eröffnen.

Es bedeutet, die historische Stadt, die Lagune und das Festland wieder enger aneinanderzubinden, ihre Funktionen differenziert zu gestalten, Maßnahmen zur Wiedererschließung von Agrarflächen und Fischfanggründen zu ergreifen, leerstehende oder verfallene Gebäude wiederzuverwenden, durch Wohnsitzförderung von Auszubildenden und Studenten Anreize schaffen für Forschung und für die berufliche und akademische Ausbildung. Es bedeutet, nach Modellen zu suchen, Situationen zu analysieren, Optionen abzuwägen, qualitativ hochwertige Initiativen wie die Biennale oder Universitäten zu starten und sich nicht (wie es die öffentlichen Institutionen in diesen Jahren so häufig getan haben) in den Dienst der »unbezwingbaren Mächte des Marktes« zu stellen. Es bedeutet, als oberste Spielregel, das Recht auf Stadt und den Vorrang des Allgemeinwohls festzulegen.

Wenn wir an Venedig als Paradigma der historischen Stadt denken, kann auch seine Schönheit zum Argument werden. Schönheit ist keine Ware, sondern ein geistiges Gut. Wir dürfen einen Prozess nicht akzeptieren, durch den

> »das Schöne zu Dingen überhaupt, der Hain zu Hölzern, die Bilder zu Dingen, welche Augen haben und nicht sehen, Ohren und nicht hören und, wenn die Ideale nicht in der völlig verständigen Realität genommen werden können als Klötze und Steine, zu Erdichtungen werden und jede Beziehung auf sie als wesenloses Spiel oder als Abhängigkeit von Objekten und als Aberglaube erscheint« (Hegel, *Glaube und Wissen*, 1802).

Nachdenken über die historische Stadt heißt nachdenken über die menschliche Gemeinschaft. Venezianern, aber auch Bürgern auf der ganzen Welt, denen Venedig am Herzen liegt, kommt eine wesentliche Aufgabe und große Verantwortung zu: aufzeigen und beweisen, dass Diversität und Schönheit kein schweres Erbe der Vergangenheit sind, sondern ein außerordentliches Geschenk, um die Gegenwart zu erleben und eine außerordentliche Gabe, die dabei hilft, die Zukunft zu gestalten und für sie einzustehen; aufzeigen und beweisen, dass Venedig, um in unserem Jahrhundert existieren zu können, nicht

Chongqing werden, vielmehr dessen Negation sein muss; dass es in der Welt, in der wir leben, Platz gibt für eine Diversität von städtischen Modellen, Kulturen, Lebensweisen; und dass diejenige, die sich in Venedig ausgebildet hat, ein Recht auf Bürgerschaft hat, ein Recht darauf, nicht nur heute, sondern auch morgen auf der Welt zu sein. Denn wenn Venedig stirbt, stirbt nicht nur Venedig: Es stirbt die eigentliche Idee von Stadt, die Form der Stadt als offener und vielfältiger Raum des sozialen Lebens, als Ermöglichung von Zivilisation, als bindendes Versprechen von Demokratie.

Anmerkung zum Text

Dieses Büchlein greift bereits im Titel *Wenn Venedig stirbt* einen Vortrag auf, den ich am 29. November 2012 im Sitz des Ateneo Veneto auf Einladung des Deutschen Studienzentrums in Venedig gehalten habe, im Rahmen der Tagung *Auf schwankendem Grund. Dekadenz und Tod im Venedig der Moderne*, die aus Anlass der 100 Jahre zuvor erschienenen Novelle *Der Tod in Venedig* von Thomas Mann in Kooperation mit dem Internationalen Kolleg Morphomata der Universität Köln, dem *Institut für Geschichte und Ethik der Medizin* an der Universität zu Köln, dem Ateneo Veneto und dem Archivio di Stato organisiert worden ist. Der sehr viel kürzere Vortragstext wurde in dem Band *Spazi veneziani*, (hrsg. von S. Meine et al., *Viella*, Rom 2013, S. 269–85) veröffentlicht. Eine gekürzte deutsche Übersetzung (von Volker Breidecker) ist unter dem Titel *Wenn Venedig stirbt* in der ›Süddeutschen Zeitung‹ vom 18. Dezember 2012 erschienen sowie im Tagungsband *Auf schwankendem Grund. Dekadenz und Tod im Venedig der Moderne* (hrsg. von S. Meine et al., Fink, Paderborn 2013, S. 261–86). Eine abweichende französische Fassung des Textes unter dem Titel *Si Venise meurt* (Übersetzung von Henri Lavagne) habe ich anlässlich der Sitzung der Académie des Inscriptions et Belles-Lettres (Institut de France) am 14. Dezember 2012 in Paris vorgetragen. Am Ende dieser Sitzung wurde der auf Seite 116 erwähnte Antrag zu Venedig verabschiedet. Eine dritte Version des Textes bildete die Grundlage für einen Vortrag, den ich unter demselben Titel *Se Venezia muore* am 10. Juni 2014 am Škola-Zentrum in Moskau gehalten habe und der auf Russisch im Internet veröffentlicht wurde (in der Übersetzung von Anastasija Makrjašina, durchgesehen von Federica Rossi und Aleksej Judin, http://whiteci-ty.com/library/articles/esli_umret_venezia). Kapitel 17 (*Ethik des Architekten: Hippokrates und Vitruv*) greift in Teilen einen Vortrag auf, den ich am 14. Januar 2014 an der Universität von Reggio Calabria anlässlich der Verleihung der Ehrendoktorwürde des Fachbereichs Architektur gehalten habe (ein Auszug aus diesem Vortrag erschien in der Tageszeitung ›Sole – 24 Ore‹ vom

12. Januar 2014; der vollständige Text der Vorlesung wurde am 26. Januar im ›Il Quotidiano della Calabria‹ abgedruckt). Die Seiten über den sogenannten *Palais Lumière* und die großen Schiffe in der Lagune greifen schließlich eine Reihe von Artikeln auf, die ich für die Tageszeitung ›Repubblica‹ verfasst habe, während Kapitel 12 (*Ränder*) eine Seite meines Beitrags zu der von Tomaso Montanari in L'Aquila organisierten öffentlichen Demonstration der Kunsthistoriker am 5. Mai 2013 weiterführt, die im Beisein des Kulturministers Massimo Bray stattfand; dieser Beitrag erschien unter dem Titel *L'Aquila, capitale d'Italia* in ›il Mulino‹, Nr. 3. (2013), S. 539–49.

Für Anregungen, Hilfestellungen und kritische Beiträge beim Abfassen dieser Seiten danke ich Andrea Bosco, Donatella Calabi, Maria Luisa Catoni, Anna Fava, Lucia Franchi, Claudia Ferrazzi, Denise La Monica, Enrica Zaira Merlo, Tomaso Montanari, Myriam Pilutti Namer, Alessandro Poggio, Filippomaria Pontani, Federica Rossi, Antonella Tarpino, Marco Vigevani, Marina Zanazzo und meinen Söhnen Andrea und Bruno.

Sehr dankbar bin ich dem Verleger Klaus Wagenbach, Susanne Schüssler und Victoria Lorini für Ihre Sorgfalt in der Übersetzung und dem Lektorat des Textes.

Meine Frau Michela war wie immer eine aufmerksame, geduldige und kritische Leserin. Ihr, Festland-Venetierin und Gefährtin im Leben wie im Gespräch, ist dieses Buch gewidmet.

Die Stadt bei Wagenbach

Andreas Tönnesmann
Monopoly: Das Spiel, die Stadt und das Glück
Andreas Tönnesmann enthüllt das Geheimnis des erfolgreichsten Gesellschaftsspiels aller Zeiten: Idealstadtmodelle und moderne Utopien werden auf simple und massentaugliche Regeln reduziert. Wer Monopoly gewinnen will, muss seine gute Erziehung vergessen und den Instinkten freien Lauf lassen.
KKB. Gebunden mit Schildchen und Prägung. 144 Seiten

Beatriz Preciado   Pornotopia
Architektur, Sexualität und Multimedia im ›Playboy‹
»Eine lohnende Lektüre, die Einblick gewährt in die Architektur männlicher Lust und die Libido des Kapitalismus.«
Svenja Flaßpöhler, Philosophie Magazin
KKB. Gebunden mit Schildchen und Prägung. 168 Seiten mit Abbildungen

Vittorio Magnago Lampugnani
Die Modernität des Dauerhaften
Essays zu Stadt, Architektur und Design
Eine Streitschrift zur Neudefinition der Moderne: gegen eine Spektakel-Kultur und Inszenierungs-Ästhetik, die zum alsbaldigen Verbrauch bestimmt ist und materielle Ressourcen verschwendet, statt geistige zu schaffen.
Aus dem Italienischen von Moshe Kahn. WAT 676. 144 Seiten

Horst Bredekamp   Berlin am Mittelmeer
Kleine Architekturgeschichte der Sehnsucht nach dem Süden
Horst Bredekamp als Stadtführer durch die Mitte Berlins – unversehens ist man in Rom, in Florenz, in Venedig. Der Autor verführt zu einem völlig neuen Blick auf eine Stadt, die man zu kennen glaubte …
Klappenbroschur. 176 Seiten mit sehr vielen Abbildungen

Monika Wagner   Marmor und Asphalt
Soziale Oberflächen im Berlin des 20. Jahrhunderts
Aus welchem Stoff besteht Berlin? Was erzählen die Oberflächen aus Granit und Marmor, Glas, Beton und Stahl, aus Asphalt und Keramik über die Interessen von Erbauern und Bewohnern der Metropole? Ein erhellender Blick auf die Stadt des 20. Jahrhunderts.
Klappenbroschur. 200 Seiten mit vielen großteils farbigen Abbildungen

Lesen Sie weiter ...

Salvatore Settis   Die Zukunft des ›Klassischen‹
Eine Idee im Wandel der Zeiten
Ausgehend von der Diskussion um die Bildung in einer globalisierten
Welt untersucht der bedeutende italienische Kunsthistoriker Salvato-
re Settis den Begriff des »Klassischen« in doppelter Hinsicht: mit Blick
auf das »ewig Klassische«, aber auch auf die »Klassik« der Antike.
Aus dem Italienischen von Friederike Hausmann
KKB. Gebunden mit Schildchen und Prägung. 112 Seiten

Berlin – Babylon
Eine deutsche Faszination
Aus »Spree-Athen« wurde um 1900 »Babylon Berlin« – die Begeiste-
rung für das alte Mesopotamien hinterließ in der neuen deutschen
Hauptstadt tiefe Spuren. Literarische, politische und wissenschaftliche
Texte sowie zahlreiche Bilder dieser Zeit spiegeln die enorme Verfüh-
rungskraft des Mythos Metropole.
Herausgegeben von Andrea Polaschegg und Michael Weichenhan
WAT 770. 272 Seiten mit vielen Abbildungen

Carlo Ginzburg   Spurensicherung
Die Wissenschaft auf der Suche nach sich selbst
Die drei wichtigsten Aufsätze des »Querdenkers« unter den Histo-
rikern: Indizien als historische Methode. Mentalität und Ereignis.
Kunst und soziales Gedächtnis.
Aus dem Italienischen von Gisela Bonz und Karl F. Hauber
WAT 677. 176 Seiten

Das Humboldt Forum
Die Wiedergewinnung der Idee
Wenn die Sammlungen der außereuropäischen Kunst von Dahlem
auf den Berliner Schlossplatz ziehen, entsteht zusammen mit der Mu-
seumsinsel, der Humboldt-Universität und dem Humboldt-Forum ein
Areal, das weltweit seinesgleichen sucht.
Herausgegeben von Horst Bredekamp und Peter-Klaus Schuster
WAT 745. 432 Seiten mit vielen Abbildungen

Massimo Livi Bacci   Kurze Geschichte der Migration

Die Geschichte Europas ist eine Jahrhunderte während Geschichte
von Migration. Wenn wir heute unser Territorium in eine nahezu un-
einnehmbare Festung verwandeln, bringen wir uns um die Zukunft.

Aus dem Italienischen von Marianne Schneider
WAT 743. 176 Seiten

David Stuckler / Sanjay Basu   Sparprogramme töten

Die Ökonomisierung der Gesundheit

Nach jahrelanger Recherche auf fünf Kontinenten haben zwei junge
Epidemiologen ihre haarsträubenden Ergebnisse zu einem provokan-
ten und dringlichen Pamphlet zusammengefasst.

Aus dem Englischen von Richard Barth
Gebunden mit Schutzumschlag. 224 Seiten mit vielen Grafiken

John Urry   Grenzenloser Profit

Wirtschaft in der Grauzone

Bei »Offshoring« denkt man an kleine Steuersünder in entlegenen
Inselparadiesen. Inzwischen aber hat das Wirtschaften jenseits aller
staatlichen Regeln und Kontrolle ein Stadium erreicht, das wir uns
kaum vorstellen können.

Aus dem Englischen von Hans Freundl
Gebunden mit Schutzumschlag. 224 Seiten

Jonathan Crary   24 / 7

Schlaflos im Spätkapitalismus

»In der Zeit des Schlafens können wir von einer besseren Zukunft
träumen. Crary sieht hier das Potential für Widerstand gegen die
Zwänge des gegenwärtigen Kapitalismus und für eine Rettung der
Menschheit vor ihrer eigenen Zerstörung.« Michael Hardt in Artforum

Aus dem Englischen von Thomas Laugstien
Gebunden mit Schutzumschlag. 112 Seiten

Wenn Sie mehr über den Verlag und seine Bücher wissen möchten, schreiben Sie uns eine Postkarte oder elektronische Nachricht (mit Anschrift und
E-Mail). Wir informieren Sie dann regelmäßig über unser Programm und
unsere Veranstaltungen.

Verlag Klaus Wagenbach   Emser Straße 40/41   10719 Berlin
www.wagenbach.de   vertrieb@wagenbach.de